我的科学漫画书

U0872928

你好！小“食”光

餐桌上的化学魔法

绘知堂科普馆　编绘

中国石化出版社
HTTP://WWW.SINOPEC-PRESS.COM

图书在版编目（CIP）数据

你好！小“食”光：餐桌上的化学魔法 / 绘知堂科普馆编绘 .—北京：中国石化出版社，2020.9
（我的科学漫画书）
ISBN 978-7-5114-5877-3

Ⅰ.①你… Ⅱ.①绘… Ⅲ.①食品营养－少儿读物
Ⅳ.① R151.3-49

中国版本图书馆 CIP 数据核字（2020）第 170579 号

中国石化出版社出版发行
地址：北京市东城区安定门外大街 58 号
邮编：100011 电话：(010) 57512500
发行部电话：(010) 57512575
http: //www.sinopec-press.com
E-mail : press@sinopec.com
北京富泰印刷有限责任公司印刷
全国各地新华书店经销
*
889×1194 毫米 16 开本 6 印张 88 千字
2020 年 9 月第 1 版 2020 年 9 月第 1 次印刷
定价：36.00 元

推荐序·一

民以食为天，随着人民生活水平的日益提高，餐桌上的食物也越来越丰富，人们不仅要吃饱（能量问题），还需要吃得美味、吃得健康（化学成分、化学反应）。本书以活泼生动的画面、充满童趣的语言讲述“食”中的化学知识，尤其对民众普遍关心的食品安全等问题给出了合理建议，为学龄儿童开启了化学学科的大门，也为小朋友和家长的日常饮食提供了科学依据，是一部集可读性、科学性和趣味性于一体的科普作品，非常适合学龄少年阅读，也是亲子共同学习的良好素材。

每个孩子都是一个天使，他们是天生的探索者和梦想家。希望本书能为孩子们开启科学之门，给孩子们的梦想插上科学的翅膀。

科学是国力的灵魂，也是人类社会进步的标志。普及科学知识、弘扬科学精神、传播科学思想、倡导科学方法是科技工作者义不容辞的责任。

在这本书中，我欣喜地看到南开学子的成长，看到他们践行“知中国，服务中国”的努力，看到南开“允公允能、日新月异”精神在他们身上的传承。我为他们感到骄傲。

化学国家级实验教学中心（南开大学）主任

邱晓航教授

推荐序・二

几年前的教师节，本书的插图作者杨芯昱回学校看我时说起："我学化学是您启蒙的，后来到南开大学选择化学专业和您有很大关系。"对于一名中学化学教师而言，能有学生在毕业后选择学习化学专业，应该是令他感到最为欣慰的事情了。杨芯昱是我从教后遇到的第一届学生，毕业多年后我看到的不仅是她开阔的化学视野和深厚的专业知识储备，令我惊讶的是她已然成了一位用绘画的方式来向大众普及科学知识的使者。

通过"我的科学漫画书"系列图书等途径我们可以看到，这些年她和她的团队在科普这个领域中付出了不少的努力。科学知识本身可能是抽象和难以理解的，尤其是以微观视角为着眼点的化学研究，千变万化的过程时常令人费解。"绘知堂科普馆"团队选择用漫画这种生动直观的表达方式，将一个个晦涩难懂的科学概念、原理或现象娓娓道来，在轻松的气氛中将知识做了通俗而又不失严谨的诠释。科学知识本身都是来源于生活和生产实践的，本书尤为难能可贵的是将人们的视线或是思维非常自然地转移到了生活中，让读者对于自然、社会和生命产生更加科学的认识和理解，在日常也更加习惯于用科学的视角和思维认识问题。

本书的主题是"食在化学"。"食"是人类得以生存和发展的物质基础，也是一种文化的传承。然而，从化学的视角来研究美食，需要我们多一些理性的学习，只有这样，才能食得健康和科学。以一个中学化学教师的视角来看，书中介绍的是"化学与生活"的关系中非常重要的一个内容：基本营养物质，涵盖了与糖类、脂质、蛋白质、水、无机盐和维生素六大类营养物质相关的化学知识，却没有采用教科书式的知识讲解方式，而是列举了大量的生活实例。

对于低年级的孩子来说，书中对化学知识的呈现方式更容易培养他们学习化学、探秘生活中科学问题的兴趣。对于中学生来说，书中对于大量真实问题的解读，可以拓展他们化学学习的基础，加深他们对课内所学化学知识的深入理解，是一本难得的参考资料。对于陪伴孩子一同阅读的成年人来说，了解这些知识对于科学饮食、健康生活也是大有裨益的！

希望通过这本书的阅读，你能体会到：科学其实就这么简单！

北京市第四中学化学教研组

靳　豪

前言

提到营养及营养的补充，你一定会不由自主地想起各种各样的美食。美食不仅能带给你味蕾的享受，还能为肌体提供必要的营养，让你健康成长。但是，到底什么是营养呢？什么物质才能提供营养呢？那些餐桌上的美味佳肴里，到底包含多少营养呢？

营养是供给人类，用于体内各组织修复更新、为生命活动产生能量、维持生理功能所需要的合理食物。自古以来，人类就没有放弃过对于食物营养的探究，“神农尝百草”为的是确定食物的药性，帮助病人恢复健康；《黄帝内经》为人们提供了一份均衡的营养搭配方案——“五谷为养，五果为助，五畜为益，五菜为充，气味和而服之，以补精益气”；《本草纲目》则从另一个角度对食物进行了“温、寒、热”的分类。1785年，法国发生了“化学革命”，此后，人们逐渐建立了食品成分的定量分析方法，分离鉴定出食物中绝大部分的营养素，医学和生命科学的发展也帮助人们逐渐明晰了某些营养缺乏症的病因。

人们将研究所得的，可以被人体吸收，并为人体提供营养的物质分为了六大类，也就是我们常常听到的“六大营养素”：糖类、蛋白质、脂质、水、无机盐、维生素。在这个大家族里，有的成员主要负责提供能量；有的主要负责运送营养物质，并且将体内的废物排到体外；有的含量很多，能够参与身体各组织的构建；有的含量很少，却承担起了非常重要的生理功能……它们存在于各种各样的食物中，是维持人体健康不可或缺的物质，它们也期待着被更多人了解。

本书将带大家了解不同营养素的功能，以及食物中各类营养素的含量，建立食物的均衡摄入与健康成长之间的联系。让我们一起在这段旅程中成为不挑食的健康守卫者！

本书文字作者：杨迎晨

2020年6月于南开园

人物介绍

而说到酸、甜、苦、咸四种基本味觉，它们是由食物作用在味蕾上形成的。人的舌部有2000到3000个味蕾，每一个味蕾由数十个味觉细胞和支持细胞构成；

味觉细胞还连接着神经末梢。当各种味道刺激味觉细胞、产生兴奋作用时，味觉神经就会把这种兴奋传入大脑，进而产生味觉。

不同的味道分子在味蕾上还有不同的结合部位，在我们的舌部形成了针对各种味道的不同的敏感区。

除了这些可以被描述基本的味道，食物还能呈现出很有很多的复杂的香味，它们给我们品尝食物的过程带来了更丰富的体验。

桃、梨、香蕉等水果的香气，主要是由这些植物体自身合成的有机酸酯、醛类等有机物产生的，随着果实逐渐成熟，合成的产物会越来越多，香气也会逐渐变浓。

还有一些食物的香气是通过酶作用产生的，比如红茶中的一些物质会在酶的作用下氧化，促使茶叶中的氨基酸转化成多种可挥发的小分子，从而产生特有的香气。

在食品加工中，加热使使食物变熟的最普通的手段，在这个看似不起眼的过程中，也会发生很多风味的变化。生肉是没有香味的，只有在蒸煮和焙烤时才会有香味。

在加热过程中，肉内各种组织成分间发生一系列化学反应，产生了挥发性香味物质，目前已经有1000多种肉类挥发性成分被鉴定出来。

目录

人体加油站：产能营养素

代谢守护者：非产能营养素

五味生活：味觉与添加剂

能量
能量
氧气

人体加油站——产能营养素

1842年，德国著名的有机化学家尤斯图斯·冯·李比希（Justus von Liebig，1803—1873）提出，蛋白质、脂肪和碳水化合物在体内发生"氧化"，就能给身体提供能量。他还建立了碳、氢、氮元素的定量测定方法，这成为了有机化学发展史中重要的一环。一百余年后的今天，人们已经对产能营养素有了更加全面、精准的认识。

一切生物都需要能量来维持生命活动。我们不仅在做体力活的时候需要能量支持，在处于安静状态下时，也需要能量来维持每一个细胞的正常生理活动，以及体温的恒定。而碳水化合物（糖类）、蛋白质、脂肪作为人体的三大产能营养素，为你的生长发育源源不断地提供能量，还承担着众多你意想不到的功能。科学的发展将会让我们更加深入地认识自己，你准备好了吗？

糖类

说起“糖”，你可能会想到甜甜的糖果、白白的砂糖。但，你知道吗？“糖”其实是一类化学物质的总称，它不仅是你身体所需能量的主要来源，还有着很多其他重要的功能，部分功能性糖类还可以增强我们的免疫力。

糖类——产能主力军

人体每日消耗的能量来源于食物中的糖类、脂肪和蛋白质。1g糖类所产生的能量≈0. 45g脂肪所产生的能量≈1g蛋白质所产生的能量。

虽然在这三种产能物质中，同等重量下，脂肪所产生的能量是最多的，但是实际上大部分的脂肪和蛋白质还需要承担许多其他的功能，所以糖类产能会占据到总产能的55%～65%。

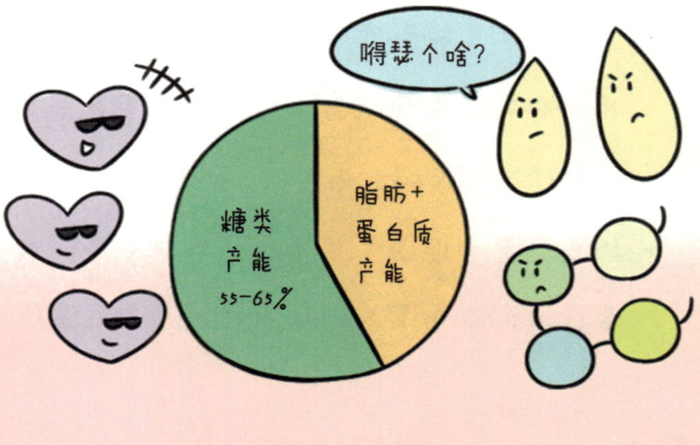

讲到这里，你可能会感到疑惑：自己平时都很少吃糖的，难道身体里的能量不够吗？

其实，“糖类”并不单指你平时吃的糖果，而是一类化学物质的总称。它主要存在于日常食用的谷物、水果、蔬菜及其他食物中，由一个个环状的小分子连接而成。

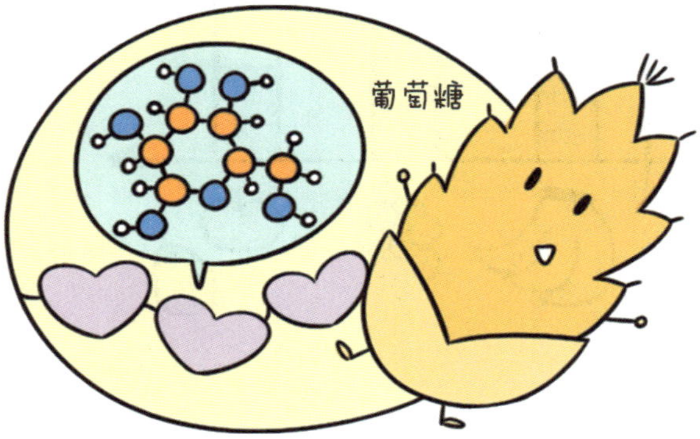

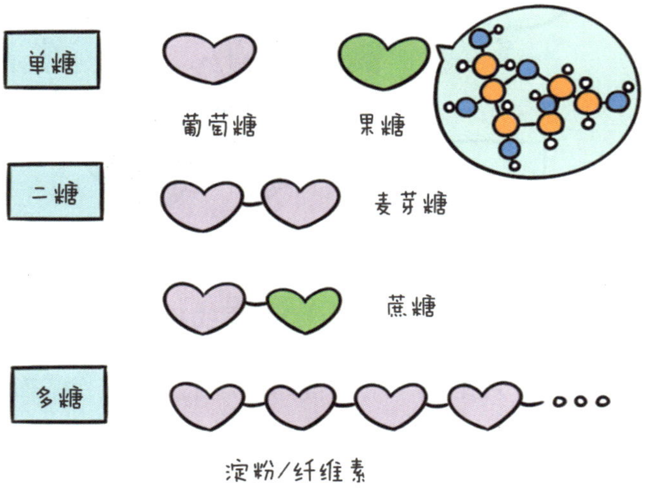

科学家把结构中只有一个环状分子的糖称为单糖，把有两个环状分子的糖称为二糖，超过两个环状分子的糖类则统称为多糖。

单糖通常都有甜味，部分二糖和三糖也有，多糖通常没有甜味。你在咀嚼馒头时之所以会有丝丝甜味，是因为唾液淀粉酶将淀粉水解成了麦芽糖（二糖）。

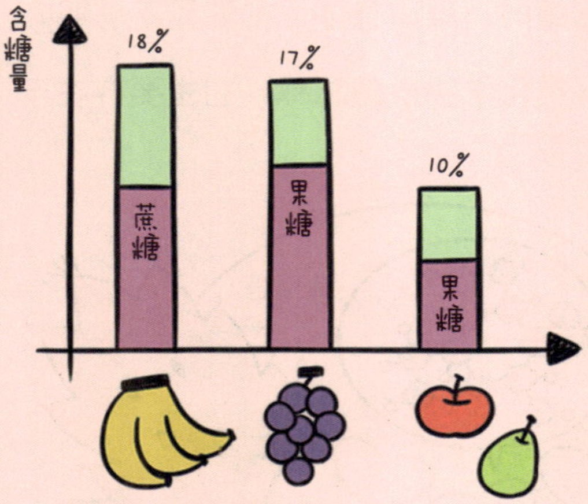

蔬菜和水果都含有很多的游离糖，通常主要是葡萄糖、果糖和蔗糖。

而在常见的粮食中，糖类大多以多糖的形式存在。

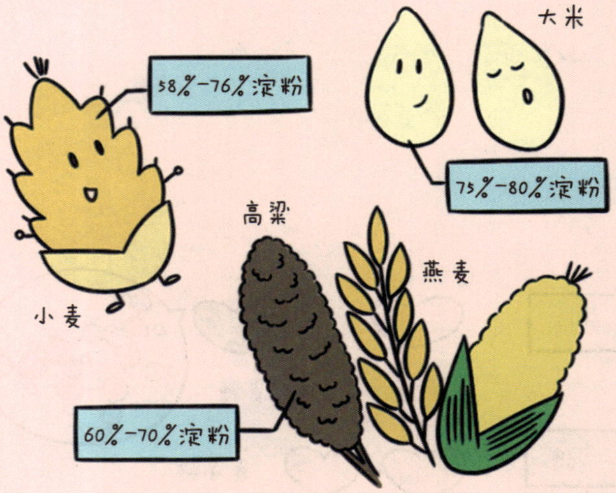

糖类是人体主要的供能来源。摄入的糖类被小肠吸收后，最终会在细胞中的线粒体内与氧气发生反应，在酶的催化作用下，氧化为二氧化碳和水，同时产生能量，为人体所利用。

现在有很多减肥方法都宣扬不吃主食，以减少糖类的摄入，从而使人体消耗的能量大于摄入的能量，达到减肥的目的。这种方法其实是不可取的。

如果缺少主食的摄入，没有糖类来提供能量，身体就会开始消耗脂肪和蛋白质来供能。但是，身体内的脂肪并不只是单纯地囤积，它还承担了很多重要的功能。

当身体因为缺少能量，而被迫消耗具有特殊功能的脂肪和蛋白质时，人的免疫力会下降，变得容易生病，而且容易情绪低落，甚至抑郁。

更重要的是，脂肪作为“二号供能选手”，很难被充分分解，容易产生有毒的代谢中间物质，给肝脏、肾脏造成负担，危害人体健康。

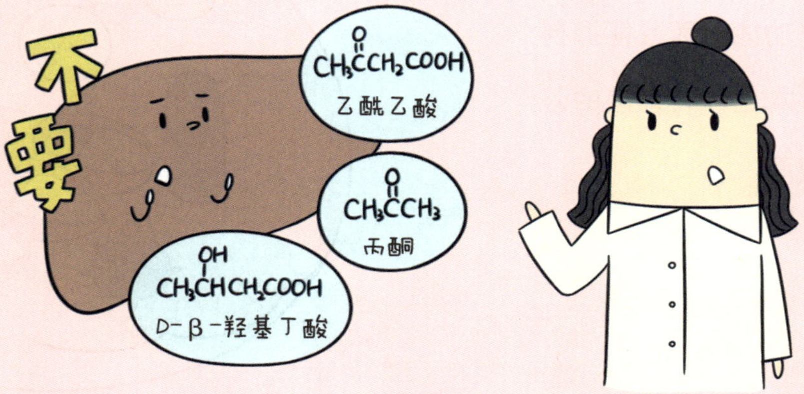

糖类——功能多面体

随着研究的不断深入，科学家们发现，糖类不仅是主要的供能物质，它还身负调节血糖、降低血脂、改善肠道菌群等多种多样的生理功能。

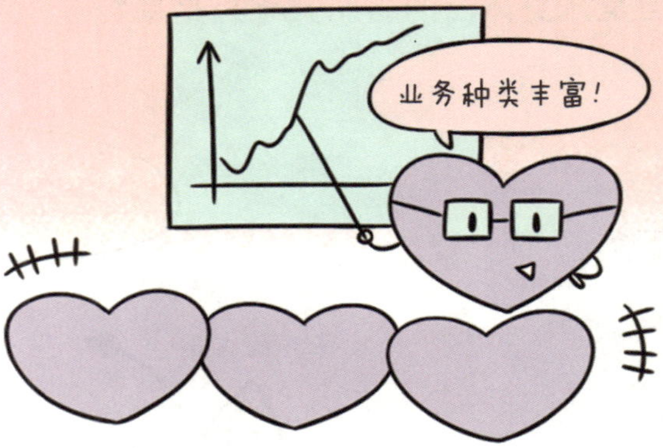

“低聚糖”是一种新型功能性糖源，是由2～4个单糖连接而成的小分子。低聚糖既不能被人的胃酸破坏，也不能被消化酶分解，所以难以被消化吸收。

肠道内的双歧杆菌能够分解低聚糖，产生脂肪酸和一些抗生素，不仅能减少有毒代谢产物的产生，大大减轻肝脏分解毒素的负担，保护你的肝功能，而且能抑制外来的致病菌和肠内“本土”有害菌的繁殖，从而有效地抑制腹泻。

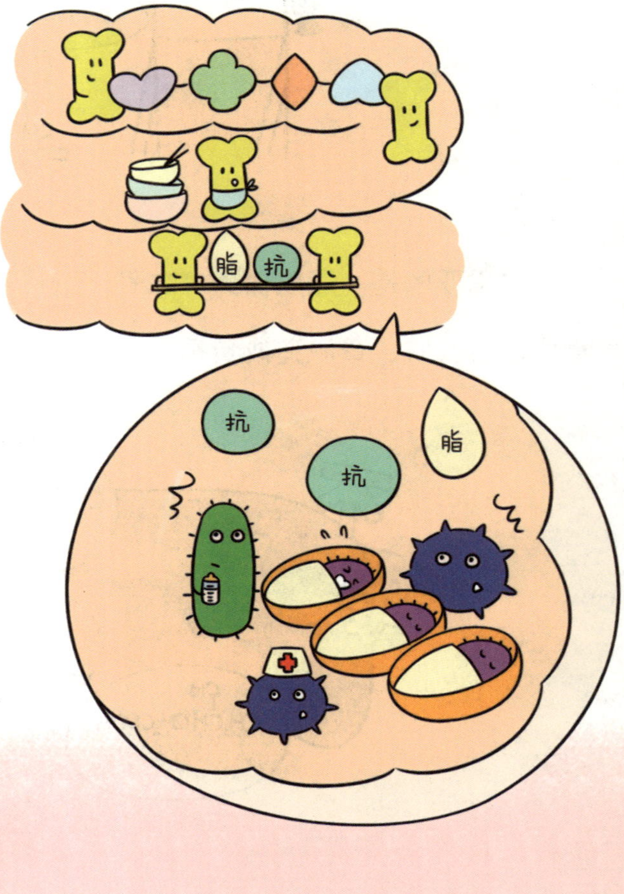

有一类被称为“双歧因子”的低聚异麦芽糖，能帮助肠道内的双歧杆菌壮大“家族”，从而抑制其他有害菌的繁衍，使得双歧杆菌在数量上保持绝对优势。可以说，你的肠道和居住在其中的双歧杆菌是“互惠互利”的友好关系。

目前已经发现的功能性低聚糖还有很多，如低聚果糖、低聚木糖、低聚半乳糖、低聚乳果糖等，它们都有一定程度的甜味。

低聚糖具有甜度低、热量低的特点，因此在减肥食品、糖尿病患者食品、高血压病人食品中都有广泛应用。

*购买保健品请遵医嘱，并选择正规品牌！

除了低聚糖之外，多糖也占据了“功能性糖类”的半壁江山。这里所说的功能性多糖，指的是能够调节人体生理功能的非淀粉多糖，也被称作“活性多糖”。

枸杞就具有良好的抗肿瘤功能，因为枸杞中的“枸杞子多糖”可以促进免疫T细胞增殖、促进淋巴因子激活杀伤细胞、增强人体的免疫功能。

人们经常食用的香菇、银耳也含有能增强免疫功能的多糖。科学研究发现，“香菇多糖”能预防和治疗泡状口炎病毒引起的疾病。

而广泛存在于真菌和谷类中的“酿酒酵母葡聚糖”能够帮助细胞抵抗肝炎病毒的侵扰，减少肝细胞坏死病变的情况。

*未成年人禁止饮酒

随着科学研究的深入，科学家们发现灵芝、虫草等珍贵的真菌类药材中含有的多糖类物质，确实具有抗肿瘤的功效，但具体的机制还在研究当中。

常见的植物如苦瓜、魔芋、大蒜、萝卜、薏仁、甘蔗、鱼腥草、红薯叶、人参、黄芪中都含有各种各样的活性多糖。

讲到这里，相信你已经发现了，对你的身体有利的物质种类是非常多的，来源也非常广泛，背后还有很多科学原理等待未来的小科学家们去挖掘！

脂质

脂质是人体三大产能营养素中非常重要的一类，它不仅可以为人体提供能量，帮助人体度过饥寒交迫的危机时刻，还对内脏器官有着保护润滑的作用，在你受到外界冲击时，可以保护你的身体。接下来就来了解一下脂质的分类和它强大的功能吧！

脂质——储能小队长

你熟悉的“脂肪”是所有脂质成员中含量最多的，占动植物脂类的99%。在日常生活中，室温下呈现固态的称为脂肪，液态的称为油。

脂肪是人体内储存能量的小能手。人体内1克脂肪大约占体积1.2毫升，相同质量的糖类物质所占体积是其4倍，而储存的能量却要少于脂肪。

但是相比起脂质，糖类更容易被分解来产生能量，也更容易从食物中获得。因而在进化过程中，人类便选择了脂肪作为主要的储能物质，而糖类作为主要的供能物质。

也就是说，当身体需要能量时，会优先消耗糖类物质；而当你在饥饿或无法正常进食的时候，储备的脂肪能够帮助你渡过难关。

当冬天来临时，生活在严寒地区的北极熊很难找到食物，也就无法大量摄取能量，如果继续进行正常的生命活动，它们很可能因为供能不足而死亡。

因此，北极熊们通常会在食物充足的秋天大吃特吃，为体内储存厚厚的脂肪，在冬眠时为身体供能，这样才能在美梦中等待春天的到来。

而作为变温动物的蛇，即便储存了足够的脂肪，体内的温度依旧会随环境温度的变化而变化。因此，它们一般在秋末便开始寻觅洞穴冬眠，尽可能将能量消耗降到最低。

在冬眠时，往往有几十条甚至成百条同种或不同种的蛇聚集，抱团取暖，共同度过漫长寒冷的冬季。

除了供能之外，脂肪也能保护我们的身体，防止机械损伤、减少热量散失。对于生活在冰川上的北极熊和生活在南极的企鹅来说，可以保暖的脂肪就显得尤为重要了。

除了脂肪以外，脂质还包括磷脂、糖脂、固醇等。这些组分虽然占比较少，但是也非常重要。

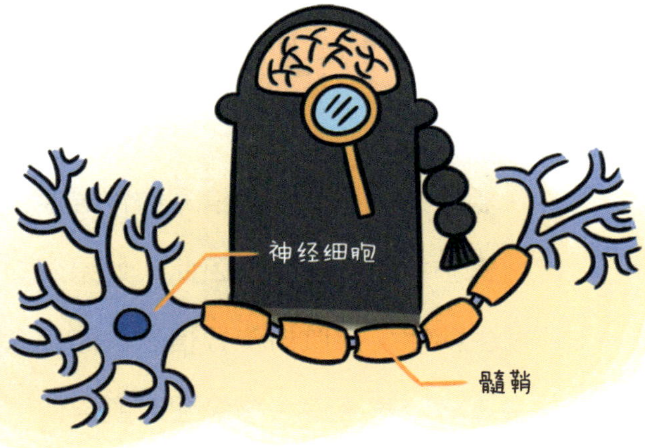

在脑内神经细胞的轴突外有一层叫做“髓鞘”的薄膜，就是一层以脂质为主的组织，主要含有磷脂质、糖脂质和胆固醇等。

神经系统能够传递、储存和加工各种信息，从而产生心理活动、支配与控制你的行为。在这个过程中，神经信号以生物电流的形式在神经细胞之间传递。

如果没有髓鞘这层膜，就像铜芯电线外没有塑料绝缘皮一样，神经信号就会相互交叉、四处乱串，所携带的信息和指令也混杂在一起。

大脑就可能出现“神经短路”，做出一些看起来无厘头的举动。

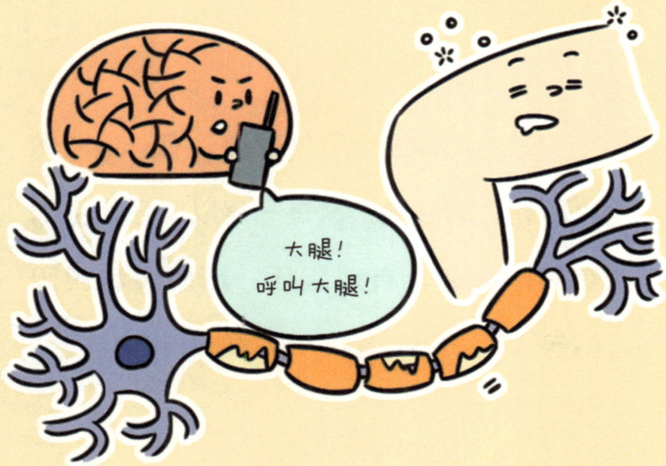

髓鞘还能提高神经信号的传导速度、保护神经元轴突。因此，如果髓鞘发生病变，向肌肉传导信息的速度就会减慢，甚至使大脑失去对肌肉的控制。

糖脂和磷脂还是构成细胞膜的主要成分，其中，磷脂双分子层构成了细胞膜的基本骨架，支撑着细胞的形状，供其他具有特殊功能的物质附着在上面。

食物中的脂肪

脂质在生命体内承担着重要的生理功能，因此食物中的脂质也具有重要的营养价值。谈到这个话题，绕不开很多小朋友喜欢的肉类食物。

这些肉类食物不仅含有丰富的蛋白质、无机盐和维生素，也是脂肪的主要“供给商”。

饮食中常见的肉类有猪、牛、羊等牲畜，鸡、鸭等家禽以及鱼、虾、贝类等河鲜。除此之外，坚果等食物也含有较多的油脂。

总体来说，畜肉（猪、牛、羊、兔肉等）中的脂肪含量最高，禽类次之，河鲜类脂肪含量最低。

常见的猪牛羊肉中，猪肉的脂肪含量远高于牛羊肉。而且，脂肪的含量还与肉的部位、动物的年龄及肥胖度有关。

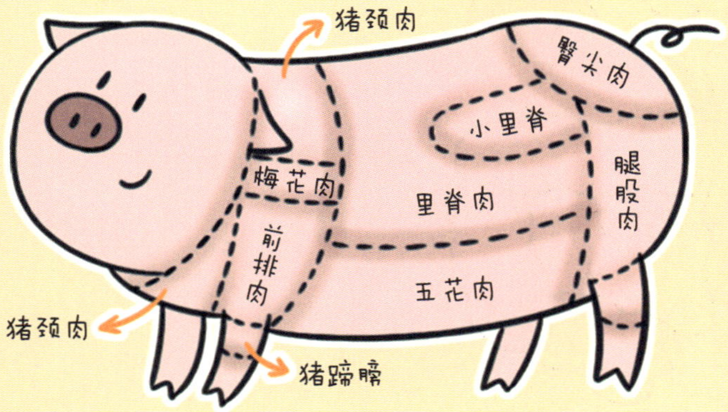

比如，猪排骨肉的脂肪含量（30g/100g）就远高于猪里脊肉的脂肪含量（8g/100g）。一般年老的动物要比年幼的动物含有更多的脂肪。

对于本身较肥胖的动物而言，即便是瘦肉也要比精瘦动物的瘦肉含有更多的脂肪。

鸡、鸭、鹅、鹌鹑等家禽中，鸭和鹅的脂肪含量较高（19g / 100g），仅次于猪肉。但鸡肉，尤其是鸡胸脯肉中的脂肪含量较低，是减肥人士的佳选。

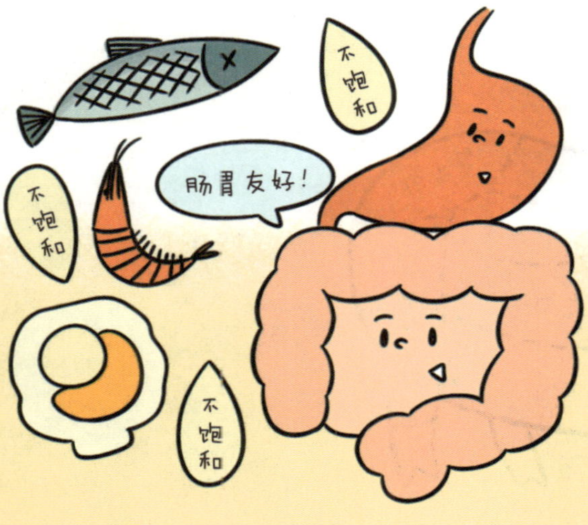

河鲜产品中脂肪含量更低，而且这些脂肪中含有更高比例的不饱和脂肪酸，更容易被人体消化、吸收。

俗称“脑黄金”的DHA，其实就是一种分子链很长的不饱和脂肪酸（一个脂肪酸分子中有22个碳）。这种不饱和脂肪酸在陆地动植物中含量很低，通常存在于海鱼、海藻中。

DHA是神经细胞中的一种主要成分，也是大脑和视网膜的重要构成成分，在人体大脑皮层中含量高达20%，在眼睛视网膜中所占比例约50%。

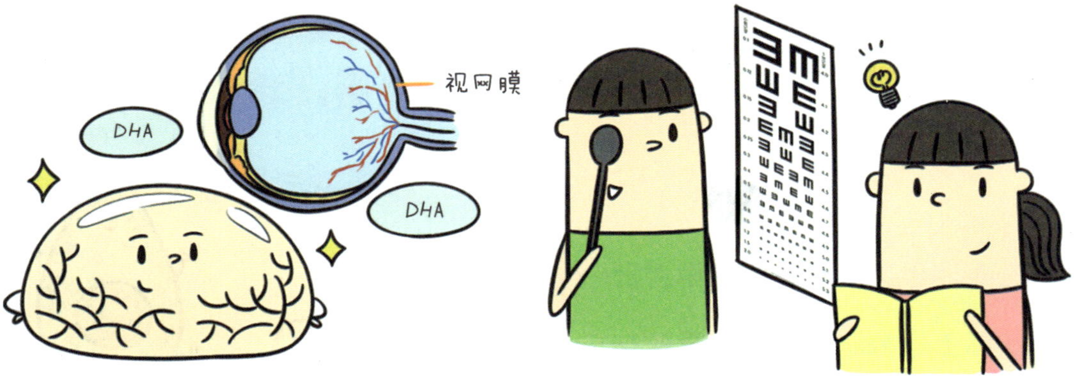

因此，摄入充足的DHA对儿童智力和视力发育至关重要。

刚出生的小宝宝们可以通过母乳来吸收大量的DHA，但是母亲乳汁中DHA的含量取决于三餐的食物结构。研究发现，吃鱼较多的日本妈妈的乳汁中通常含有更多的DHA。

虽然脂肪对于人体有很多好处，但是对于肥胖人士而言，依旧是竭力避之的。为了减少脂肪的摄入，他们会通过吃水果来满足对于糖类、维生素等营养素的需求。

牛油果是一种存在于各类减肥餐中的明星食品。但实际上，牛油果是一种高脂肪高热量的水果。

那为什么牛油果还能在减肥餐中占据一席之地呢？实际上，减肥餐中牛油果的存在是为了代替其他脂肪类食物，比如肉类和奶制品。

肉类、干果等脂肪含量高的食物，通常含有较高比例的饱和脂肪酸。

饱和脂肪酸会在体内沉积，促进人体对于胆固醇的吸收，还会促使肝脏合成胆固醇，导致人体胆固醇含量升高，进而催化心血管疾病的产生。

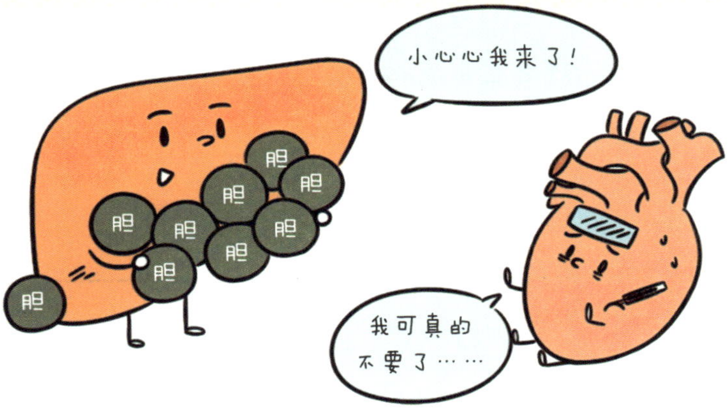

牛油果含有的脂肪酸中，单不饱和脂肪酸的比例更高，不仅可以降低产生心血管疾病的风险，还具有免疫调节等功能。但是这些好处仍不能掩盖牛油果高脂肪高热量的事实！

总之，脂肪的摄入必不可少，但一定要适量。你可以根据自己的体重、体脂率来调节饮食，合理均衡、荤素搭配才能拥有健康的好身体。

蛋白质

蛋白质是一类被人们熟知的营养素，从生活经验来看，缺乏蛋白质会导致儿童营养不良、发育滞后，还会造成人体免疫力低下，容易生病。那么，蛋白质在人体内是如何被消化吸收，继而发挥其生理功能的呢？你又该如何科学地补充蛋白质呢？一起来看看吧！

蛋白质的消化之旅

蛋白质是人类生命的物质基础。在人体内一共有一万多种不同的蛋白质。这些蛋白质都是由20种不同的氨基酸按照不同的顺序、数量排列而合成的。

组成人体中蛋白质的20种氨基酸中，有12种氨基酸是人体可以自己合成的，它们被称为“非必需氨基酸”；其余8种人体无法合成，只能依靠食物的摄入进行补充，它们被称为“必需氨基酸”。

当你摄入蛋白质之后，牙齿的咀嚼并不能够将蛋白质分解。蛋白质的分解主要是从胃才开始的。胃分泌的胃液中含有胃蛋白酶，只要是能够溶于水的蛋白质，都是它的分解对象。

但是胃蛋白酶并不能完全把蛋白质水解成氨基酸，它只能将原来的氨基酸长链切割成较短的链，同时产生极少量的氨基酸。这种被切割后形成的短链蛋白质被称为“多肽”。

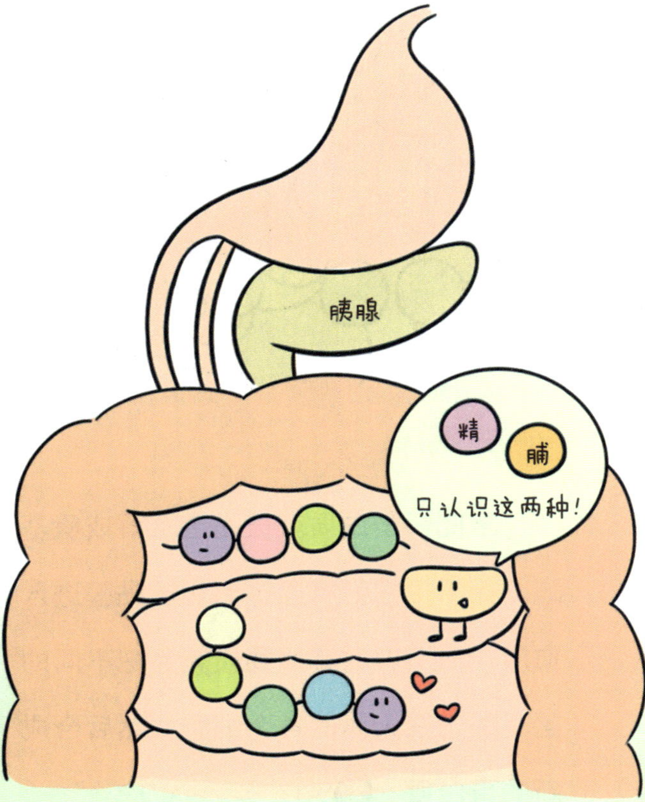

接着，胃通过运动将多肽送至小肠。在小肠内，食物一般会停留3～8小时，这就给了小肠中的蛋白酶充分的作用时间。

小肠中的蛋白酶主要存在于胰腺分泌的胰液中。它们只能识别某几种特定的氨基酸，比如精氨酸和脯氨酸。

当游走的蛋白酶遇到被识别的氨基酸，就会像一把剪刀一样，切断这个氨基酸和相邻氨基酸之间的化学键。如果被识别的氨基酸刚好处于这条多肽链的末端，则会直接形成游离的氨基酸。

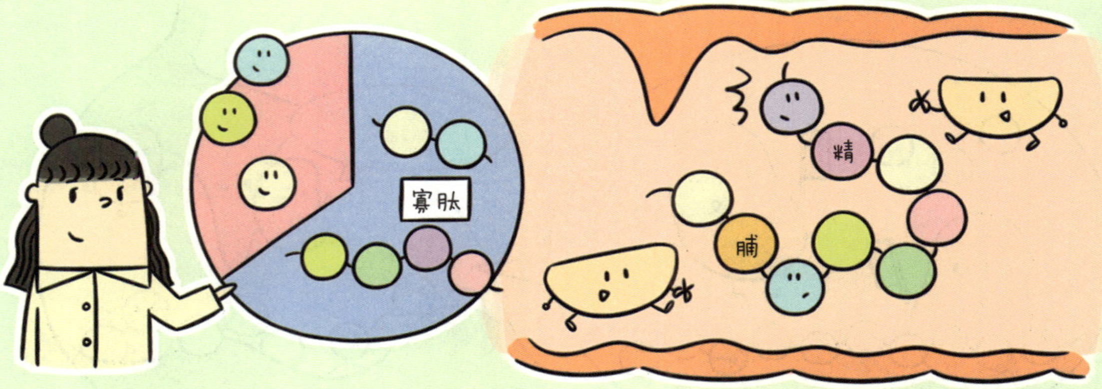

但是，由于蛋白酶种类有限，经过胰蛋白酶水解之后，只有大约三分之一的多肽被切割出了氨基酸，剩下的则是更短的氨基酸链，它被称为“寡肽”。

寡肽的消化就要靠肠黏膜中的寡肽酶了，它们可以从寡肽的一端开始，将氨基酸一个一个地“拔”下来。

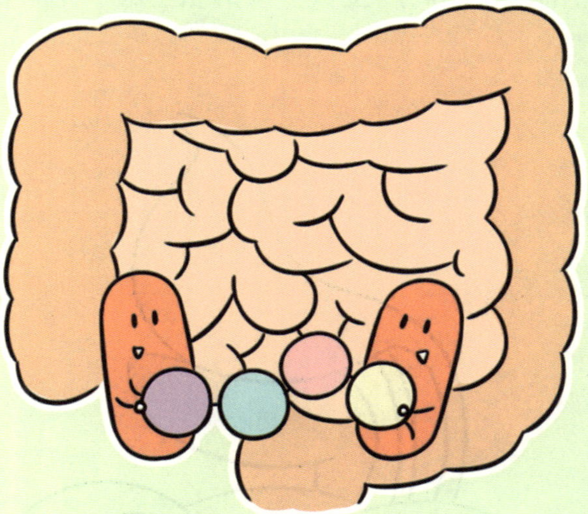

至此，蛋白质就被完全水解成氨基酸，接下来它们将通过消化道黏膜进入血液，血液中的转运物质就会把不同的氨基酸运往人体的各个细胞，然后合成新的蛋白质。

各种各样的蛋白质

当氨基酸串成一长串后，还会进一步形成不同的空间结构，有的缠绕成球形或者椭圆形，如血红蛋白、肌红蛋白等；有的聚集成纤维状或者细棒形，如胶原蛋白、弹性蛋白等。

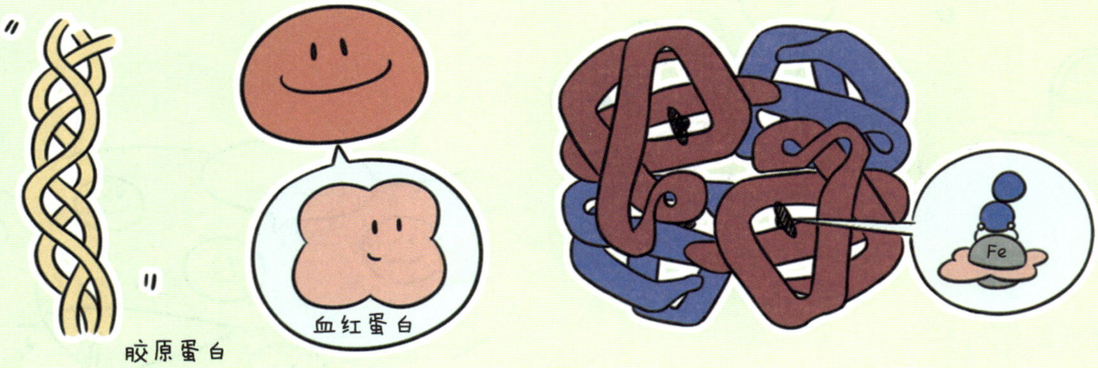

肌红蛋白和血红蛋白的氨基酸排列顺序和空间构型非常相似，而且都含有可以与氧气结合的“血红素”。

肌红蛋白的球形结构中存在一个口袋状的空间，血红素可以安稳地待在这个空间里，从而给氧气提供一个稳定的储存环境。

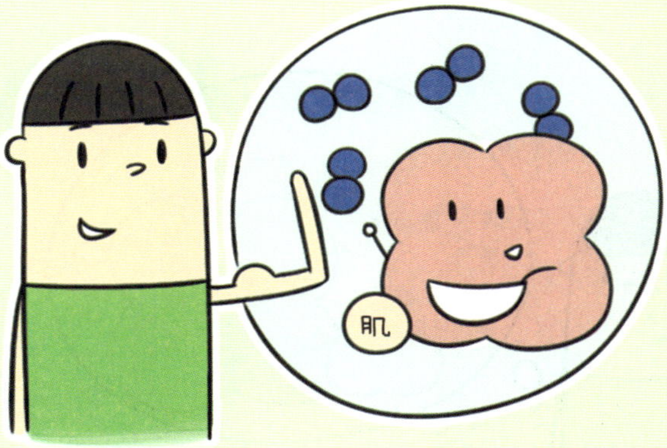

作为“运输氧气小能手”的血红蛋白，虽然也是球形的，但并不具备这样的稳定空间，而且在结合氧气的过程中，血红蛋白的结构还会发生改变。

1个血红蛋白分子一共可以运载4个氧气分子，与第1个氧气分子结合后，血红蛋白开始变形，露出第2个可以与氧气分子结合的位置，以此类推，直到血红蛋白载满4个氧气分子。

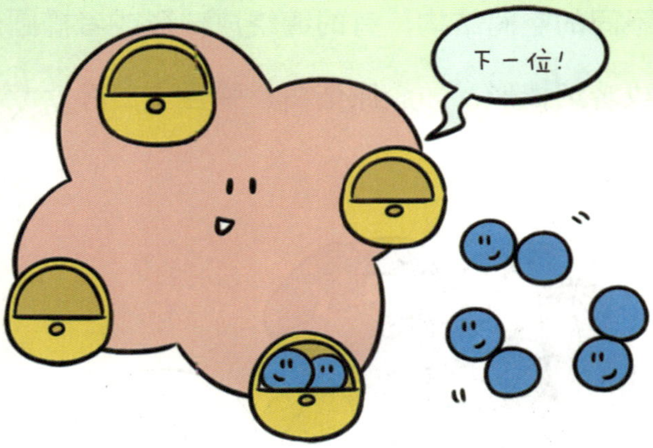

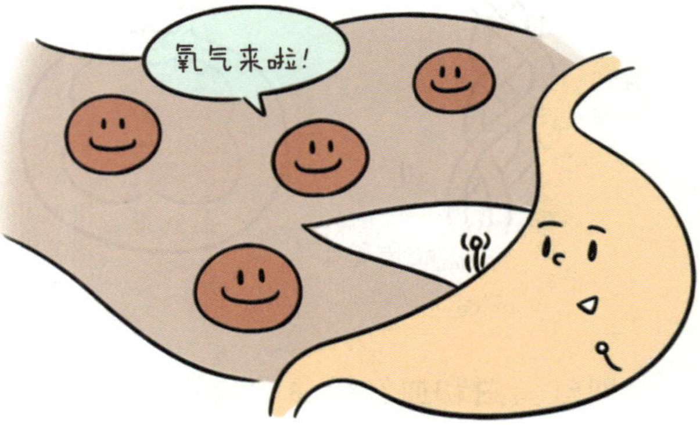

这样的结构特点，可以方便氧气分子更快地找到自己的位置。同时，血红蛋白的球形结构也让其能够更顺畅地随着血液流动，将氧气运输到各个部位。

你发现了吗？蛋白质的功能与结构密切相关，一旦结构发生改变，蛋白质的生物活性必然发生改变，还会引起功能的变化。

但是这样的变化未必都是不好的。这既有可能导致肌体功能紊乱，也有可能使生物体对于环境改变的适应性增强，迈出进化的一小步。

蛋白质的另一重要功能是为人体组织的更新和修补提供原料。你的身体里有百兆亿个细胞，这些细胞组成功能各异的组织。

但细胞并不是长生不老、一成不变的。相反，它们处于永不停息的衰老、死亡、新生的循环中。如果人体内缺少蛋白质，组织的新生和修复就缺少了最基本的原料。

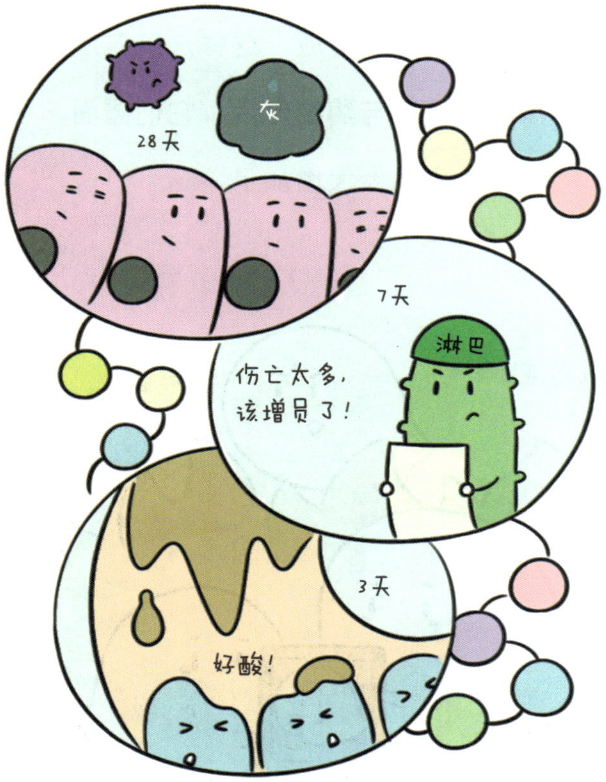

皮肤作为人体与外界接触的屏障，每28天就需要更新一次。

白细胞、淋巴细胞作为人体免疫系统中重要的战斗者，每7天就需要更新一次。

一直受到胃酸侵蚀的胃黏膜每3天就会更新一次。

此外，生物存活还需要不停地呼吸，有规律地进食、消化、排便，这些生命活动依赖于体内不间断、高效进行的化学反应，而这离不开一类重要的有机分子——酶。

绝大部分酶的本质是蛋白质。如果没有酶的存在，物质之间想要发生反应，就需要通过自身的无规律运动来“偶遇”。

酶能够快速地识别出特定的化学反应“原材料”，而且一种酶通常只负责一类反应。这样，反应所需的物质都与酶结合后，它们碰面的几率也就大大增加了。

在必要时刻，蛋白质还能燃烧自己为人体提供能量，维持基本的生命活动。

食物中的蛋白质

蛋白质对于人体的意义十分重大，合理地摄入含有充足蛋白质的食物，尤其是含有全部“必需氨基酸”的优质蛋白尤为重要。说到补充蛋白质，你或许会想到喝牛奶。

的确，牛奶中的蛋白质包含有人体所需的所有必需氨基酸，但是100克纯牛奶只含有约3克蛋白质。

100克畜类（猪牛羊）的瘦肉中约含有20克蛋白质。在大豆中蛋白质的含量更是高达40%。因此，单纯从蛋白质的含量来看，牛奶并不是最高效的供给来源。

那么，牛奶为什么还会受到大家的追捧呢？这主要是因为牛奶中同时含有人体所需的三大供能营养素——糖、脂肪、蛋白质，同时，无机盐和维生素种类也很齐全。

除了动物蛋白，在蛋白质的补充中，植物蛋白也占据了半壁江山。

虽然植物蛋白所含有的氨基酸种类和相对数量跟人体的需求有一定的差别，但由于米面类食物仍是中国人的主食，所以植物蛋白是人们补充蛋白质的主要来源。

谷物中缺少的赖氨酸常见于豆类、豆制品及酵母中，因此即便是素食者，只要全面合理地摄入食物，也能保证体内合成充足的蛋白质。

纵观自然界，你会发现植食性动物往往具有更大的体型，如大象、骆驼、牛、马等。在遥远的恐龙时代，食草性恐龙也比食肉性恐龙的体积更大。

很多素食销售机构据此吹捧，声称素食具有更高的营养、更有利于生物体的生长。但事实真的是这样吗？

从能量传递的角度来说，地球上所有的能量均来自太阳能，能利用太阳能的生物只有生产者（基本只有植物），而食草动物只能从植物中获取能量。

自然界中植物类食物的来源远比肉类食物来源多得多，但是植物中蛋白质周围被大量的植物纤维素包裹着，蛋白酶较难与植物蛋白相接触，因此更难被消化。

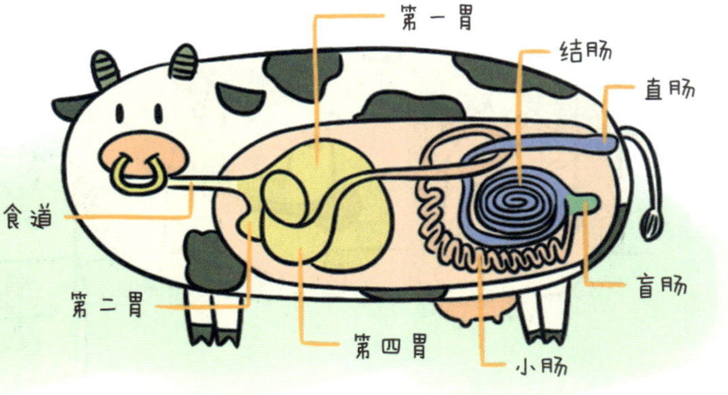

所以，食草动物的食量较大，而且体内通常具有专门存储食物的相对比较复杂的胃和较大的盲肠，来满足自身对于各种营养素的摄入需求。

在自然界的选择及淘汰过程中，体型大的食草动物更不容易被食肉动物吃掉，也就能更容易存活下来。

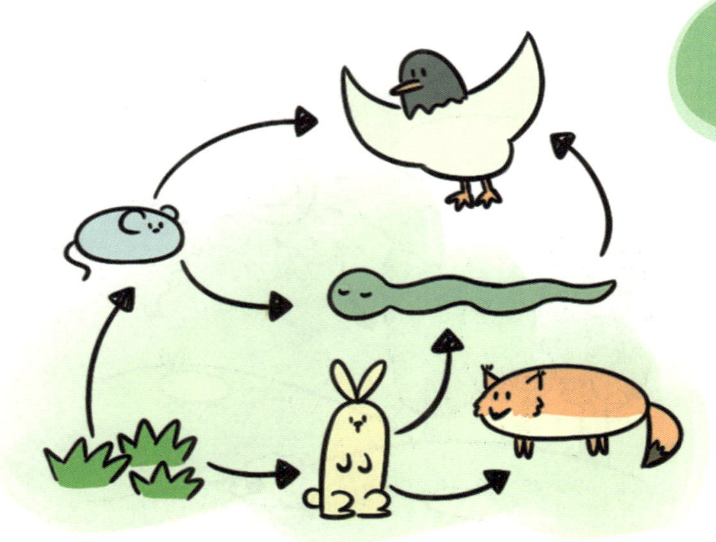

相对来讲，根据食物链中能量流动逐级递减的特点，食肉动物需要吃掉食草动物来获取能量，经过多级传递，真正能吸收到的能量只会越来越少，所以食肉动物很难保持硕大的体型。

拓展阅读

酷爱吃竹子的国宝大熊猫体内其实并不具备如食草动物那样复杂的消化系统。这是因为在800多万年前，大熊猫还是体型接近于狐狸的食肉动物，而且具有很强的攻击性。

后来冰川时代来临，温带和亚热带的森林面积大大减少，大熊猫失去了家园，食物来源锐减。

在中国，东西走向的秦岭和大巴山阻挡了寒流，因此岷山和大小凉山一带气候温暖而湿润，适宜的气候和环境使大熊猫得以在这里幸存下去。

困境中的大熊猫，为了存活繁衍，开始吃别的动物不愿意吃的食物——竹子。

但是，进化后的大熊猫仍然保留了与食肉动物类似的消化系统，肠胃中也没有共生细菌、纤毛虫。

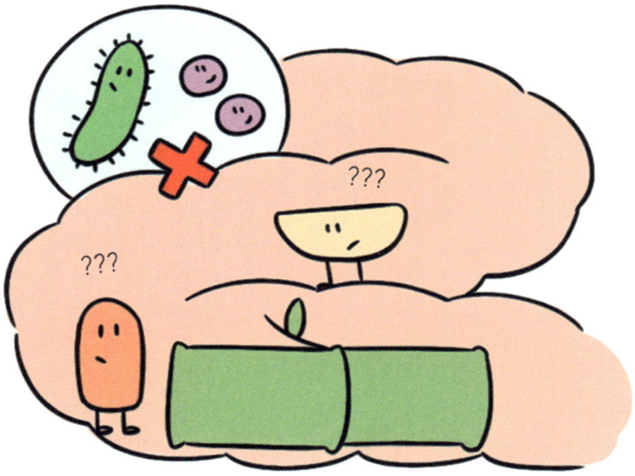

这样一来，大熊猫无法把植物中的纤维素发酵成能吸收的营养物质，为了获得足够的营养，唯一的办法就是快吃快拉、随吃随拉。熊猫在春天每天要花12～16小时进食，同时排出大量粪便，才能维持新陈代谢的平衡。

现如今，世界上只有中国才有熊猫，因为只有在中国适宜的气候中演化的大熊猫依靠吃竹子存活了下来，世界其他地区的大熊猫在进化的过程中都灭绝了。

生活小贴士

虽然牛奶中的各种营养素含量都不高，但是覆盖全面、比例合理，作为日常的营养补充品，是一个非常不错的选择。而且牛奶制品易于获得，摄入方便，价格也适中。

有些人可能担心奶制品中含有的添加剂、防腐剂会对健康有害，于是选择自制酸奶。实际上，自制酸奶的过程也会带来一些风险。

酸奶的发酵过程需要微生物（乳酸菌）的参与。由于环境中也存在大量细菌和真菌，在进行发酵前我们必须对原料牛奶和发酵器具等进行杀菌。

但是，非专业人士在家庭环境中自制酸奶，很难达到严格的杀菌条件。

即使将牛奶煮沸、把制备酸奶的相关器皿全部在开水中消毒，也还是很难避免在操作过程中受到杂菌的污染。

另外，在操作过程中，也可能会出现错用原料、错误操作等问题，这些都会给健康造成威胁。因此，自制并不一定等于健康哦！

食物中的能量

食物中的产能物质在体内发生化学反应后，就能产生能量。在国际单位制（常用于进行标准化计算的单位制度）中，能量的单位是焦耳(J)；在生活中，常用的能量单位还有卡路里（cal）、千卡（Kcal）等（1卡路里＝4.184焦耳，1千卡＝4.184千焦耳）。人体每天基础代谢消耗的能量约为1500千卡。看看食物上包装上的能量数据，它们使用的单位一样吗？哪些食物的单位能量高、哪些低呢？

不同种类的淀粉

如果你用一个能看到分子的放大镜去看，就会发现淀粉和淀粉也有不同！淀粉可以分为“直链淀粉”（葡萄糖链没有分叉）和“支链淀粉”（葡萄糖链有分叉）。珍珠、汤圆、粽子这类黏性食物，其中的支链淀粉含量要高于大米等非黏性食物。由于支链淀粉具有特殊的分叉结构，它很难被“机械消化”（比如口腔中的咀嚼过程）分解成小块，因而在进入小肠后，酶也相对更难将它分解。另外，人体中的淀粉酶也无法作用于支链淀粉的 α-1,6糖苷键，因此在吃完黏性食物后你会有种“涨肚”的感觉。

谁更“甜”？

虽然我们日常所购买的食品中的糖类添加剂通常是蔗糖，但是其他食品添加剂的味道会使我们感受到的甜度产生偏差。如果把可乐（含糖9%）、橙汁（含糖10%）和番茄酱（含糖29%）进行比较，你可能觉得可乐比较甜，而橙汁和番茄酱偏酸，吃起来没有那么甜。但事实上，可乐中的含糖量是其中最低的。

此“糖”非彼“糖”

人们平时说的“糖”更多是指带有甜味的零食或调料，也就是“添加糖”。它们一般是单糖和双糖，有些是人工合成的，还有一些天然存在于蜂蜜、糖浆、果汁和浓缩果汁当中。《中国居民膳食指南（2016版）》中建议，每天添加糖摄入量不超过50g，最好能控制在25g以下。过量摄入添加糖，不仅不能给身体提供能量，还会增加肝脏的负担！

“木糖醇”口香糖

看电视的时候，你看到过“木糖醇口香糖”的广告吗？木糖醇是一种天然甜味剂，广泛存在于各种水果、蔬菜、谷类之中，但含量很低。商品木糖醇是将玉米芯、甘蔗渣等农作物进行深加工而制得的。木糖醇溶解在水里时，会吸收大量的热量。因此，你在食用固体形式的木糖醇时，口中会产生舒爽的清凉感。但是，木糖醇不易被分解吸收，过量食用容易伤胃，导致腹泻。

过量饮酒的危害

虽然酒具有一定的活血作用，但过量饮酒会给人体造成极大的损伤。酒中的主要成分为乙醇，它进入人体后首先会引起兴奋，随后抑制中枢神经系统，而且酒具有成瘾性及致癌性。过量饮酒容易引发心脑血管疾病，比如高血压、冠心病、脑梗、脑出血等；还可能造成消化道的异常，引发食管炎、胃炎，甚至是食管溃疡、胃溃疡等；还可能对肝脏造成影响，造成肝功能异常，严重的甚至会出现酒精性肝病、酒精性肝硬化等。

研究“吃”的科学

营养学研究的是身体的代谢与食物营养素之间的关系。7000多年前神农尝百草时，古老的中国就开始营养学的发展了。现代营养学从1900年发现碳水化合物开始，逐渐成为了一门专业的学科。目前，各国都发展出了不同的研究特点：美国属于“分子领域”的营养学代表，中国是“整体营养学”的代表，日本则兼备了两者的特点。

为什么糖类占地方多？

相同质量的糖类所占体积比脂肪更大，是由于糖类容易与水结合，结合后的水合物所占体积较大；而脂肪是疏水的，就能节约更多的空间。

甜食使我快乐！

在漫长的进化过程中，为了使生存机会最大化，人类的大脑系统变得让我们喜欢甜食，因为这种食物是身体的能量来源。当我们吃甜食时，大脑的奖励系统——中脑边缘多巴胺系统被激活。多巴胺是一种“神经递质”，也就是神经细胞之间用来传递信号的一种物质，它可以传递兴奋、开心等积极信息，使你更有可能重复当下的行为。

认识变温动物

变温动物的体内没有可以调节体温的机制，它们的体温会随着环境的改变而改变。也正因为如此，变温动物并不需要消耗体内的能量来调节体温，相比恒温动物，同样体重的变温动物只需要1/10～1/3的能量便足以存活下去。它们只需要在外界气温变化的时候寻找合适的“住所”，就可以通过对外界能量的获取或散热来调节自己的体温了。

神经细胞如何“沟通”？

神经信号是一种电信号，它的传播速度非常快。信号在同一个细胞（也就是“神经纤维”）上传递时靠的是电流，而神经元之间的信号传递依靠的是“突触传递”，简单来说，就是前一个神经细胞的末端释放化学物质、刺激后一个神经细胞产生电流，从而把信号依次传递下去。

细胞膜上的“居民”

细胞膜表面有大量的膜蛋白、糖蛋白以及一些脂类物质。由于本身具有半透性（就像鸡蛋壳和蛋白之间的那层膜一样），细胞膜可以有效地阻止部分外来物进入细胞，维持细胞内环境的稳定。膜蛋白具有一定的识别功能，能辨认出细胞所需物质并把它们运送到细胞内部。前面所讲到的“神经信号”的传递过程也要依靠膜蛋白才能进行。

植物种子中的丰富油脂

和“成年”的植物不同，幼小的种子还不能进行光合作用产生能量物质，因此种子通常会以油脂或淀粉的形式为自己储存足够的能量。人们现在所食用的植物油，大多都是植物的种子压榨而来的。相比起动物油，植物油中通常含有更多的单不饱和脂肪酸，很多研究都认为它有保护心血管的作用。但是不饱和脂肪酸在高温煎炸过程中容易氧化，甚至产生有害物质。从健康角度来说，植物油更适用于凉拌或出锅淋油等烹饪方式，而含有大量饱和脂肪酸的动物油在高温下更为稳定。

重识猪肉

对于猪肉而言，纯瘦肉每100克约含有6克脂肪，肥瘦相间的肉每100克约含有37克脂肪，而纯肥肉每100克约含有85g脂肪。相同质量下，肥肉的热量约为纯瘦肉热量的5倍！想要控制体重的减肥人士，要尽量减少肥肉的摄入，适当摄入瘦肉或者脂肪含量更低的牛羊肉等。

但是，脂肪并不是“十恶不赦”的。在过去的50年里，动物油中的饱和脂肪酸一直被认为会增加罹患心脏病的风险。然而随着科学的进步，越来越多的研究表明：心血管疾病和饱和脂肪酸的摄入没有任何关系，相反，它对人体骨质健康、免疫力的提高、荷尔蒙水平的维持等都起到了重要的作用。

基因与蛋白质

世界上没有两个长相完全相同的人。人们都有着不同的肤色、发色和截然不同的五官。比如有时候别人会说你“长得像父母”，这其实都是由你的基因决定的。细胞核中的DNA分子储存着我们的遗传信息，遗传信息通过控制蛋白质的合成来决定一个生物体的外在表现。在合成蛋白质时，细胞“车间”中的“工人”会依照DNA上的“遗传密码”，将氨基酸按一定顺序排列起来。排好的氨基酸将在细胞内进一步形成蛋白质。

胃酸的作用

胃酸就是胃液中分泌的盐酸。当食物进入胃后，胃酸就会开始分泌。胃在排空时pH值约在7.0～7.2之间，当食团进入胃后，酸度会大大升高，pH值可降到2～3之间（pH值越低，酸度越高）。这时，胃蛋白酶原会被激活，转变成胃蛋白酶及副胃蛋白酶，它们通力合作将蛋白质消化分解。

鱼翅、燕窝等真的能大补吗？

人体内的蛋白质由20种氨基酸组成，其中8种是人体无法合成的，只能依靠食物的摄入进行补充，我们把它们叫做“必需氨基酸”。相应的，含有人体所需的全部20中氨基酸、且比例合适的蛋白质就叫做“完全蛋白质”，其营养价值较高；而缺少某些必需氨基酸且比例失调的蛋白质是“不完全蛋白质”。胶原蛋白属于不完全蛋白质，而且从消化吸收的过程来看，无论是昂贵的鱼翅、燕窝，还是平价的鸡蛋、牛奶，其中的蛋白质都一定会先被分解成氨基酸。

喝红糖水、吃红枣能补铁吗？

铁是人体所必需的微量元素，它是组成血红蛋白的元素，参与氧的运输和存储，铁含量不足会导致缺铁性贫血。铁缺乏症是全球性的营养缺乏性疾病，据统计，全球共有20多亿人缺铁。在中国，这也是一种高发性疾病。你可能听说过“红糖补铁”“红枣补铁”之类的说法，但实际上，红糖含铁量(2.2mg/100g)很低，而且每次饮用量有限，所以补铁效果并不佳。干枣含铁量(2.1mg/100g)也很低，而且其中含有的铁属于不易吸收的“非血红素铁”，因此也不能有效补铁。

细胞会自杀吗？

“细胞的自杀”，其专业说法叫“程序性细胞死亡”，又可以叫作“细胞凋亡”。它们完成了自生的“使命”后就会悄无声息地消失，不会影响到周围细胞。细胞的凋亡利于有机体的维持和更新，当细胞丧失了这种“自杀”功能时，癌症便发生了。这种细胞变得“永生不老”，持续进行细胞分裂增殖，失去控制。

化学反应中的“调控者”

催化剂能够改变化学反应的速度，既可以是降低也可以是提高。在反应前后，催化剂本身的质量和化学性质不会发生改变。不同种类的化学反应需要由不同的催化剂进行催化。而酶本身就是一种“生物催化剂”，它由活细胞产生，广泛存在于生命体中，可以帮助生物体内的化学反应在比较温和的条件下高效地进行。每一种酶只会“矢志不渝”地催化一种或者一类化学反应。

人们也会利用酶来改善生活生产。比如我们常常看到“加酶”洗衣粉，其实就是在洗衣粉中添加能够专门分解某些常见污渍的酶，提高洗衣粉的清洁能力。

牛奶煮熟喝就更好吗？

牛奶在生产加工过程中的灭菌方式通常有两种：“巴氏灭菌法”是将混合原料加热到68～70℃，并保持此温度30分钟来杀灭大部分的致病菌，然后再急速冷却到4～5℃，用快速的温度变化促使细菌死亡。“瞬时高温灭菌法”是将牛奶快速升温到137℃持续几秒钟即可，对于牛奶中的营养成分几乎没有损害。如果要加热后再饮用包装牛奶，要注意不要加热煮沸过长时间，否则会破坏牛奶中维生素、氨基酸等营养成分，还可能导致蛋白质变性、风味改变。

乳饮料能代替牛奶吗？

日常生活中，你常会见到酸乳、发酵乳、风味酸乳、风味发酵乳四类不同的酸奶，它们并不是品牌商为酸奶取的“艺名”，而是根据我国食品安全标准所划分的。其中，酸乳和发酵乳都以生牛（羊）乳为原料，酸乳是在杀菌后接种嗜热链球菌和保加利亚乳杆菌发酵制成的，而发酵乳除了添加上述两种菌种之外，还会加入双歧杆菌、嗜酸乳杆菌等其他菌种。风味酸乳和风味发酵乳则是在原味酸乳和发酵乳的基础上添加量谷物、果粒等其它风味物质，但是生牛羊乳或乳粉的含量更低（约占80%）。而其它带有饮料二字的饮品，如乳酸菌饮料、酸乳饮料等都不是酸奶。市售的含乳饮料中一般只含有极为少量的蛋白质（每100ml中蛋白质含量约为0.5g），而糖分的含量却是蛋白质含量的几十倍。在补充足够的蛋白质之前，你就已经摄入了过量的糖，实在是得不偿失！

认识“食物链”

生产者、消费者和分解者是一个生态系统的重要组成部分。其中，生产者主要是指绿色植物（还有一些藻类和地衣等），它们在生产有机物的同时，把太阳能转化成化学能。消费者通过摄取有机物来获取能量，分解者则把复杂的动植物残体分解为简单的化合物，最后分解成无机物归还到环境中去，被生产者再利用。生产者、消费者、分解者都是食物链中的一环，物质和能量通过食物链流动和转换。

强大的狮子为什么要群居？

在食肉动物中，战斗力极强且体型较大的猫科动物通常都是独居的，而狮子却是个例外，它们往往群聚而居。一群狮子可以在开阔的大草原合作猎杀长颈鹿、野牛等这样体型庞大却又比较危险的食草动物，而且相比起生活在森林中的动物，生活在草原上的狮子更容易暴露自己，因此比起单打独斗，群居猎杀会有更高的成功率。

另一个主要原因是“领地意识”，有保障的领地将会带来更高的繁衍后代的成功率。在非洲大草原上，到处都是凶猛的食肉动物，独行的母狮很难保住自己的领地，养育幼崽也是一件十分困难的事情。群居将会使它们更容易保卫自己的家园。豺、狼等犬科动物也更喜欢群居而动、伺杀猎物。

为什么有的人不能喝牛奶？

牛奶虽然营养丰富，但是有的人一喝牛奶就会拉肚子，这是牛奶中含有的乳糖造成的，这些人的病症叫做“乳糖不耐受”。他们体内能够分解乳糖的乳糖酶过少，不能完全消化分解乳制品中的乳糖，因而会引起非感染性腹泻。奇怪的是，很多人在婴儿时期可以正常地接受母乳、奶粉，但随着年龄的增长逐渐表现出乳糖不耐受的症状。这与人类世代饮食习惯（长大后奶制品摄入量大幅减少）导致基因改变有关。在人们的成长过程中，乳糖酶活性逐渐下降直至消失，只能饮用发酵过的酸奶来代替牛奶了。

盐和糖也可以是防腐剂！

食品中添加的防腐剂并不仅限于人工合称的物质，还包括盐、糖等普通的调料。比如用糖来制作果脯、用盐来制作咸菜都是防腐的民间智慧。在大量食盐或糖的包围下，细菌细胞外渗透压高于细胞内部，细胞会脱水而亡，达到防腐作用。但是由于葡萄糖、麦芽糖等本身是很多微生物的能量来源，人们有时还会选择非微生物能量来源的功能性糖醇作为防腐剂。

太腥了……
该吃药了！
不如直接
注射试试？

代谢守护者——非产能营养素

20世纪初，欧美笼罩在致死性贫血的阴霾下。1929年，美国科学家惠普尔、迈诺特及其助手墨菲在治疗恶性贫血的病人时发现，牛肝可以减轻这种病症，于是开启了恶性贫血的机理研究，并获得了1934年诺贝尔生理学或医学奖。1948年，美国和英国的研究者几乎同时从肝脏浓缩物中分离出一种红色晶体，也就是能够用于治疗恶性贫血的维生素B_{12}。1964年，英国科学家霍奇金因确定维生素B_{12}的化学结构而获得诺贝尔化学奖。

虽然水、无机盐、维生素不能为人体提供能量，但是在历史上，这类营养素的发现与分子结构的确定挽救了大量的生命。在科技与医学高度发达的今天，人们已经不会再因为缺乏营养素导致的疾病而束手无策。那么，这些小小的分子到底有什么强大的功能？快翻开下一页吧！

水

你也许听说过，人体的重量70%都源自于水。通过生活经验你也能够了解，人如果长时间不摄入水就会导致死亡。这都是因为水在人体内承担了非常多的生理功能——它们是体液的重要组成成分，可以随着体液的流动运输人体所需的营养，将废物排出体外；还为人体内各种反应提供场所，保证了人体新陈代谢的正常进行……水还有哪些功能呢？你听说过“人体冷冻”实验吗？接下来就让我们一起去认识人体内的重要营养素——水！

自由水的大作用

说到水，你都会想到什么？山间流淌的小溪，奔流入海的江河，澄澈洁净的冰川，从天而降的雨……这些是水在自然界中的存在形式。

水也会从自然环境中进入到动植物的体内。每天你需要通过喝水及摄入含水的食物来补充水分，通过排尿排汗等方式，将水返送回自然环境。

植物通过根茎从土壤中吸取水分，再通过蒸腾作用将水分还给大自然，如此循环往复。水进入到动植物体内，就会有不同的存在形式，也发挥着不同的作用。

当你切开一个西瓜时，会发现有小部分的西瓜汁流出；但是大部分的西瓜汁还是保存在西瓜内。当你咬开西瓜，甜甜的西瓜汁就会充满你的口腔。

西瓜汁储存在西瓜细胞内部的液泡中，当你切开或是咬开西瓜时，一部分细胞破裂，液泡中的西瓜汁就会流出。

这种保存在蔬果以及人体的组织、细胞中，仍然能够自由流动的水，称为“自由水”。

这些水可以溶解、运输一些别的物质，不同水果的果汁就是因为溶解了不同的物质，所以会有不同的味道。

在人体内，细胞内部和细胞之间都充满了自由水，自由水充当了体内各种营养物质的“货运车”。

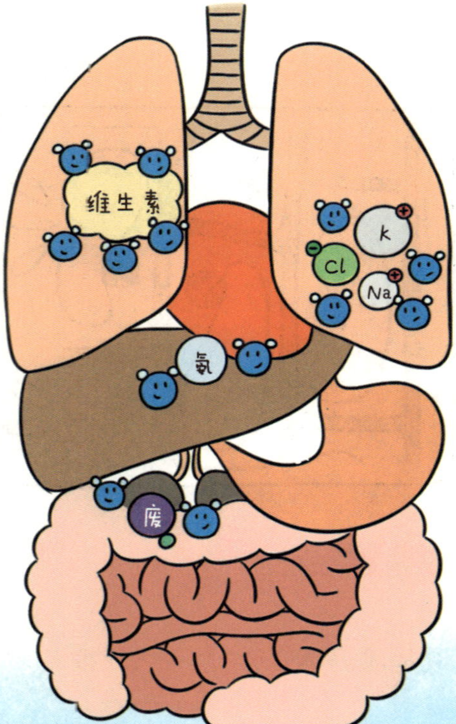

通过血液和细胞液的流动，自由水把人体存活所需的氧气、维生素、葡萄糖、氨基酸、酶、激素等运送到全身，再把尿素、尿酸等代谢废物运往肾脏，随尿液排出体外。

当你摄入食物之后，要依靠消化器官分泌出的消化液（如唾液、胃液、胰液、肠液、胆汁等）进行消化和吸收，这些消化液中水的含量高达90%以上。

在你的体内，每时每刻都发生着各种各样的化学反应，有了这些反应你才能够正常吸入氧气、呼出二氧化碳，进行新陈代谢而不断地长大、逐渐衰老。

水不仅为这些反应提供了场所，同时也参与着很多的反应。

所以说，水虽然不能为人体提供能量，但它仍然是人体正常代谢的基本保证。人之所以会感到口渴，是人体缺水反映给大脑的信号，提醒你及时补充水分来维持生命活动的进行。

结合水的超能力

除了“自由水”以外，结合水也广泛存在于动植物体内，但是它跟你平常所能接触到的自由水具有完全不同的特点。水主要是由水分子组成的，每个水分子有一个氧原子，两个氢原子。

当水分子中的氢原子遇到别的分子中的氧原子、氮原子的时候，就会不由自主地靠拢，使水分子跟别的分子紧密地结合在一起。

在动植物体内，含有氮原子、氧原子最多的物质就是蛋白质、脂类和糖类，所以存在于体内的结合水，大多是跟这三类物质相结合，进而被“固定”在生命体内的各个组织中。

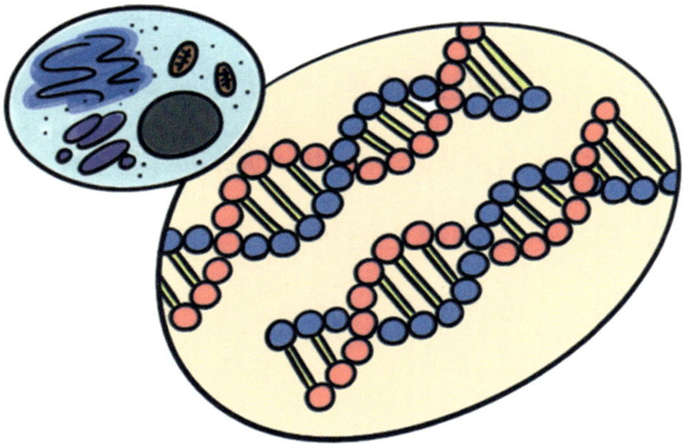

在你的身体中，还有很多具有特殊三维结构的大分子，比如掌控遗传密码的DNA分子是双螺旋结构的。

让皮肤保持光泽有弹性的胶原蛋白是三螺旋结构的，其他不同种类、不同功能的蛋白质更是形态各异。

这些特殊的结构决定了蛋白质不同的功能，从而维持生命活动的正常进行。而结合水和这些分子结合后，能够帮助维持和稳定这些分子的特殊空间结构。

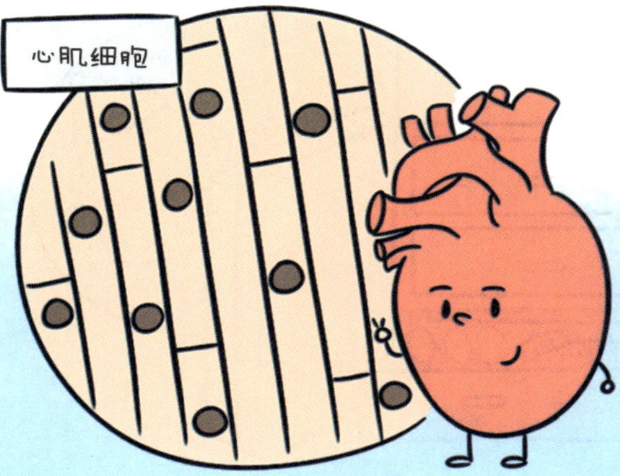

结合水的流动性非常低，大量的结合水汇集在一起，会形成一个很稳定的固态状，比如你的心脏。

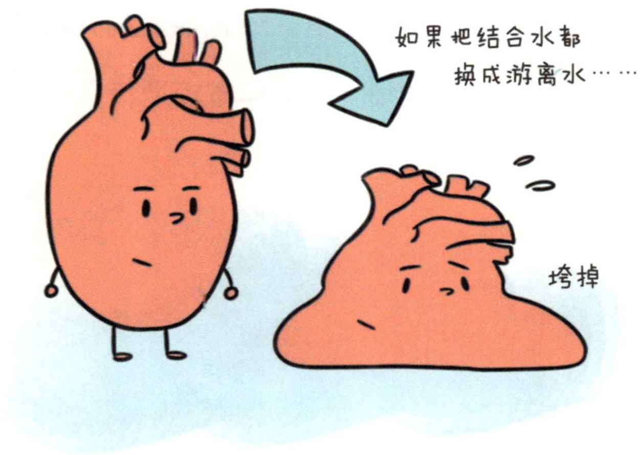

心肌的含水量是79%，其和血液含水量很接近，但是心肌所含有的水中结合水比例较高，且心肌细胞排列紧密，进而使得心脏拥有一个固定的形状。

除此之外，结合水不能像自由水那样溶解其他物质，凝固点低（零下40℃也不结冰），不容易被微生物和酶所利用，因此能抗旱、抗热、抗寒。

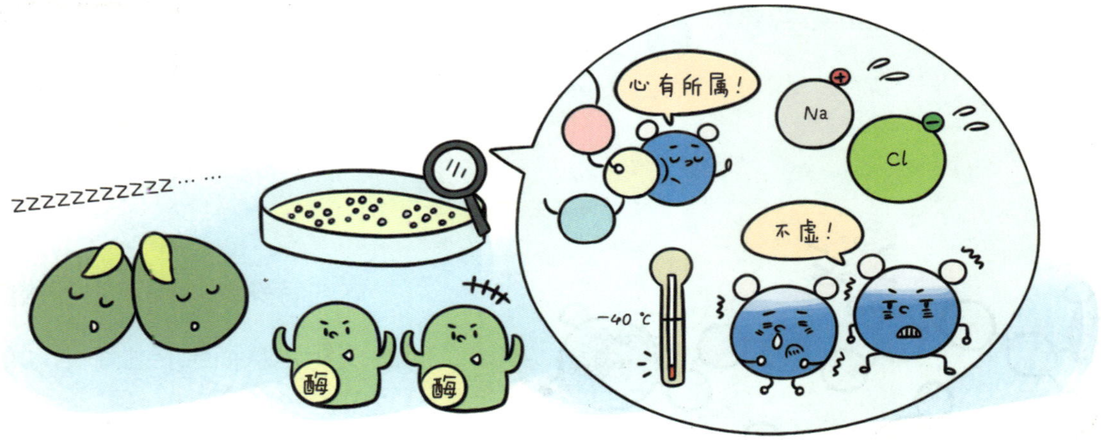

植物的种子、微生物孢子、生物体内的酶都含有大量的结合水，因而能在较低的温度下保持生命力。在人体内有2000多种酶，果蔬中也含有200多种酶。

这些酶在极低的温度下活性会变得很低，但由于结合水的抗寒性，它们的空间形态并不会被损毁，只会处于一种“休眠”状态；一旦温度升高，它们就会恢复活性，继续发挥作用。

科学轶事

在科幻小说和科幻电影里常常会有将仍然有生命体征的人冷冻起来达数年之久的情节。然而，如果真的直接将人体冷冻起来，人体的细胞就会遭到损毁，最终导致个体的死亡。

在现实中，“人体冷冻”也逐渐发展成为一门新兴的学科，主要研究体温对于人体寿命的影响。

历史上第一例被冷藏起来以待复活的人叫做詹姆士·贝德福德，他在1967年病逝后，他的亲人遵照他的遗嘱，把他的遗体用-196℃的液氮冷冻了起来。

虽然在目前的科技水平下还无法实现冷冻人体的复活，但是器官的低温保存技术已经在临床医学中有了很多的应用，它的发展使得器官移植手术取得了更高的成功率。

在食品中，结合水的比例较低，大约是1%-6%，剩下的都是自由水。

与结合水不同，自由水极易被微生物所利用，导致食品腐败，因而在食品制作、储存、运输的过程中，自由水的含量需要被严格地控制。

人们通常通过用糖、盐腌渍，暴晒脱水、烘干等方法来降低食品中自由水的含量，以延长食品的保质期。

经过验证，在含2%-3%水分的全脂奶粉，5%水分的脱水蔬菜，5%水分的玉米片、曲奇饼、脆饼干，10%水分的调味料等食物中，微生物无法繁殖。

人们经常食用的砂性软糖、棉花糖、果冻、糖蜜、干果、坚果都因为脱水不够可能会受到某些霉菌和酵母菌的“进攻”。

通常被人们认为保质期很久的腌制肉，其实脱水程度并不高，极易受到各类霉菌和细菌的“入侵”，并且为其提供繁殖的场所。

无机盐

人体内的无机盐是随着食物链的积累，从地壳中慢慢转移而来的。人体内的钙、磷等元素主要存在于骨骼、牙齿等器官中，你日常从食物中摄入的钠、钾、氯、铁、锌等多种元素维持着体内环境的酸碱平衡和渗透压，还承担着多种多样的生理功能。人体内的无机盐含量处于动态平衡的状态，过高或过低都会导致你的身体健康受损。了解人体中无机盐承担的生理功能，以及人体对于各种无机盐的需求量，将会让你拥有一个更加健康的身体！

人体内的无机盐

无机盐，又称矿物质，原本是指在地壳中自然存在的元素和化合物的总称，但由于人与环境相互依存，环境中存在的天然元素，大多在人体内都能检测到。

根据体内无机盐中各种元素的含量，可以将它们分为常量元素和微量元素，它们在人体内的总量不超过体重的5%。

常量元素约占无机盐总量的99%，如钾、钠、钙、镁、磷等。而铁、铜、锌等元素，因总含量不足1%，所以属于微量元素。

无机盐会通过排尿、排便、出汗、流泪等方式离开人体，但是人体自身无法进行这类物质的合成，只能依靠饮食来摄入补充。

绝大部分无机盐对人体有着极为重要的作用。你每日都会摄入的食盐中含有大量的钠、氯，水果、蔬菜和肉类中含有丰富的钾，它们维持着体液的酸碱平衡、渗透压。

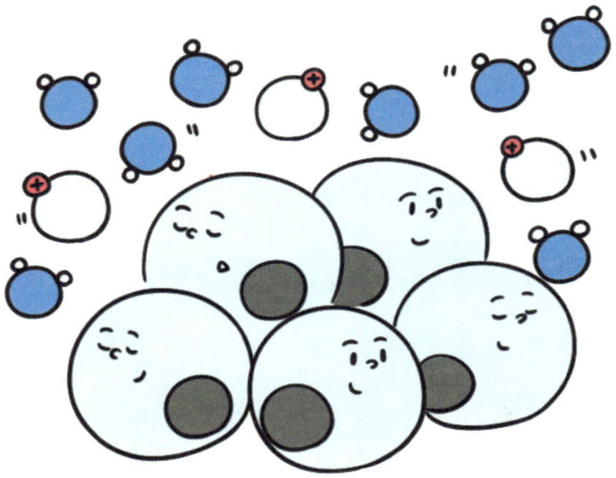

世界卫生组织（WHO）建议，每人每天食盐的摄入量应不超过6克，当钠摄入量过高时就易导致高血压。现在市场上也出现了很多低钠盐，主要是用钾来替代部分钠。

99%的钙和大量的磷、镁都存在于骨骼、牙齿中，维持着骨骼和牙齿的刚性。钙在人体内是处于动态平衡的，每天体内会有一些旧钙溶出，也有一些来自食物中的新钙被吸收。

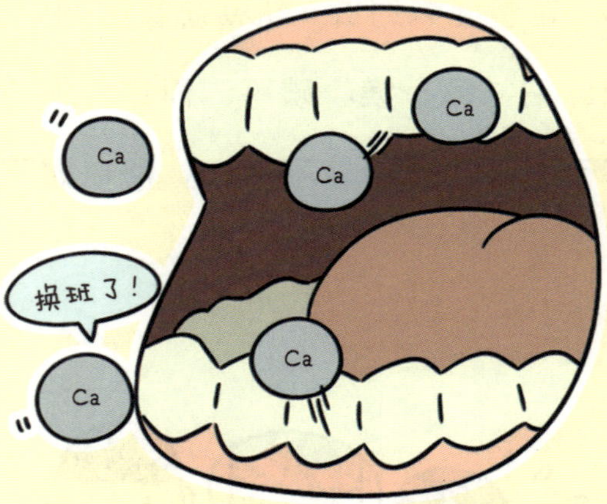

成年人骨骼中的钙每天的“交换量”大约是500毫克（0.5克），年龄越小，钙的交换量越大。成年人的骨钙全部更新一次需要10～12年，而幼儿的骨钙1～2年就会更新一次。

人的牙齿一旦形成之后，几乎没有太大的变化。所以，幼儿和正在换牙的儿童需要补充足量的钙，才能完成正常的身体发育。

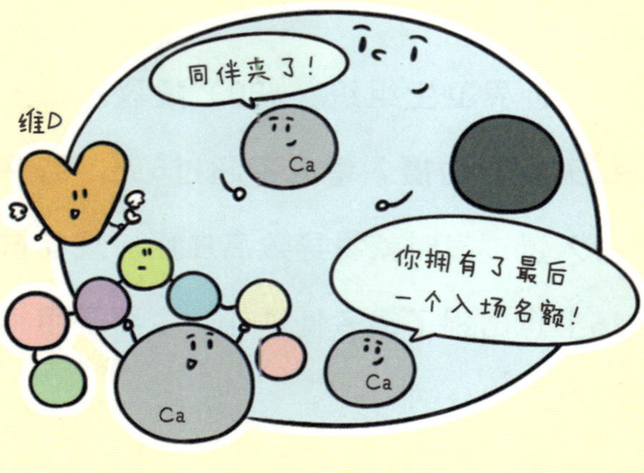

你从食物中摄入的钙会在小肠内被吸收，之后在维生素D_3的刺激下，与蛋白质结合形成“钙蛋白”进入细胞膜。你的身体会主动调节钙的吸收率。

在进食时，钙和其他物质的相互作用会影响钙的吸收，比如食物中的乳糖由于能增加细胞的通透性，更有利于钙通过细胞膜，促进钙的吸收。

常说的“喝牛奶能补钙”，正是因为奶制品中不仅钙含量丰富，而且还含有能提高吸收率的乳糖。

相反，过量的脂肪酸、草酸、植酸则会跟钙结合，使钙变得无法溶解，而降低钙的吸收，甚至导致结石。

很多植物都富含草酸，菠菜、苋菜、芋头、甘薯等食物中的含量较高，因此在补钙期间，你最好与它们“保持距离”，或者在饭后一段时间进行补钙。

大部分的磷会和钙结合，存在于骨骼、牙齿中；少量的磷会与有机质结合，参与体内能量的代谢、维持细胞膜的结构和生理功能；除此之外，磷还是DNA、RNA和部分酶的结构成分。

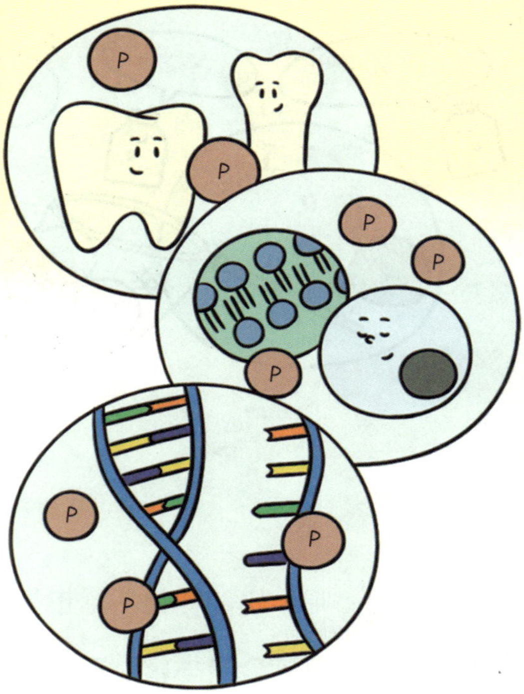

四两拨千斤的微量元素

在你的体内，还有10余种微量元素，它们也与你的健康息息相关。

你熟知的微量元素——铁，在人体内主要作为血红蛋白和肌红蛋白的组成成分，参与氧气、二氧化碳的运输。缺乏铁会引发缺铁性贫血，在我国患病率很高。

铁在食物中的存在形式对其吸收率影响很大。肉类、脏器和动物血的铁吸收率均高于20%。

鸡蛋黄中含有一定量的铁，虽然吸收率较低，但蛋黄更易于消化，因此适合婴儿或消化能力较弱的人食用。

植物性食品中，虽然海带、芝麻、油菜等的铁含量较高，但由于吸收率低于5%，因此它们的补铁效果仍然不及动物性食品。

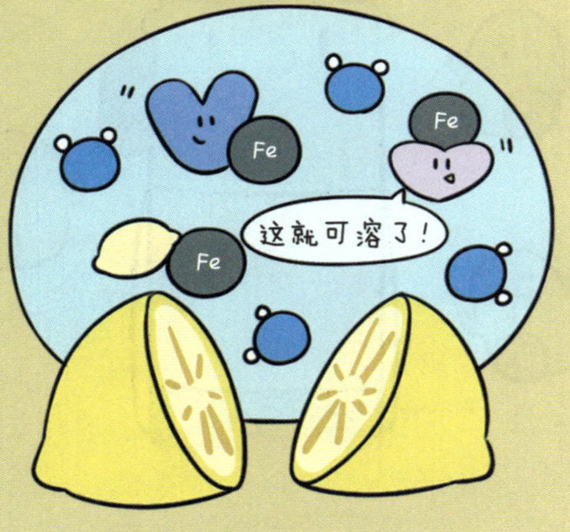

食物中的维生素C、葡萄糖及柠檬酸等可以与铁结合形成可溶性铁化合物，有利于人体对植物性铁的吸收。

草酸、磷酸、茶和咖啡中的酚类物质等则会抑制植物性铁的吸收。所以，草酸含量高、铁吸收率低的菠菜等蔬菜并不适合补铁！

碘元素多存在于甲状腺中，甲状腺利用碘元素来合成甲状腺素，促进体内的供能营养素（糖类、蛋白质和脂肪）的氧化分解，为肌体的生命活动提供能量。

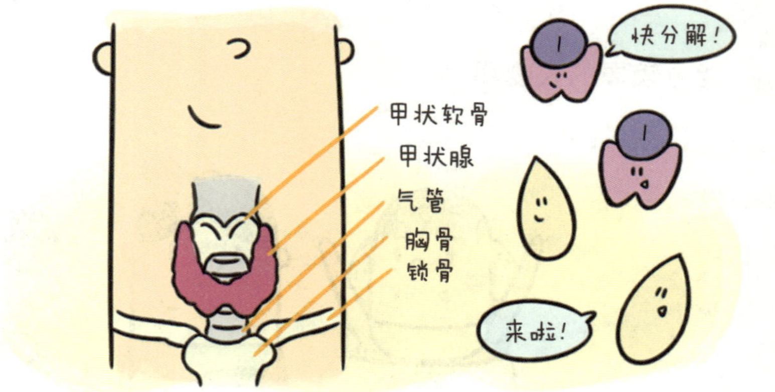

海产品如紫菜、海带中含有丰富的碘，而人们常说的“加碘盐”主要是指添加了碘酸钾作为碘补充剂的盐。

锌元素几乎存在于人体所有组织中且广泛参与酶的组成，目前人体内已知有200多种酶与锌元素有关。锌元素对你的生长发育、食欲促进、皮肤健康等方面具有重要的意义。

钴元素可以促进铁的吸收和贮存，从而增强人体造血功能。豆类中的钴含量相对较高，约1mg/kg，而其他谷物中的钴含量则很低。

无机盐摄入过量或不足的危害

人体从自然界中获得的元素，并不完全是对人体有益的，甚至可能是有害的。但由于它们在水体、土壤中广泛分布，最终还是会在人体内存留，比如汞、铅、砷等。

这些元素的含量极少，通常在人体可承受的范围之内，但是一旦超过人体极限就会导致中毒。

地壳中的微量元素在地域上分布不均，如果部分地域某种元素含量不足或超标，就可能引发某些“地方病”。

我国东北是典型的缺硒地区，因缺硒而造成的先天性心脏病——克山病，曾在1980年以前使成千上万的人饱受煎熬；而湖北恩施地区却因土壤、饮水中的硒太过丰富而造成大范围人群的硒中毒。

我国的大部分地区存在缺碘情况，需要通过食用加碘盐来补充，然而渤海湾沿海地区和山西晋中盆地、大同盆地的低洼地带，却因为饮水中碘浓度过高而引发“高碘甲状腺肿”等疾病。

微量元素不仅在地域上分布不均，在人体内的分布也具有一定的选择性。比如人体内沉积的有毒物质汞，有机汞主要累积于脑部，无机汞则贮存于肾脏，引发与肾脏相关的疾病。

人体内共有60多种元素，它们是大自然赠予的“礼物”，你从环境和食物中获取它们，体内的各元素含量也随着环境的改变而变化，因此保护环境其实就是保护人类自己。

维生素

维生素与其他营养素不同，它既不能像蛋白质一样参与组织的构建，也不能像糖类一样为机体提供能量，而且在人体内含量很低。大部分维生素无法在体内合成，或是合成量不足，无法满足人体的需求，必须通过饮食来补充。相信你对于这类营养素也是毫不陌生的，因为在饮料、蔬果等食物的宣传广告中，都常常见到维生素的身影。它们种类丰富，功能各异。接下来，一起来了解维生素这个大家族吧！

维生素大家族

维生素是机体展开各项生命活动的“守护者”，常以辅酶和催化剂的形式参与到体内代谢的多种化学反应中。

维生素A在预防细胞老化、防止干眼病等方面有很好的效果。维生素A主要存在于动物组织中，在动物的肝脏和血液中含量较高，而植物组织中则没有维生素A。

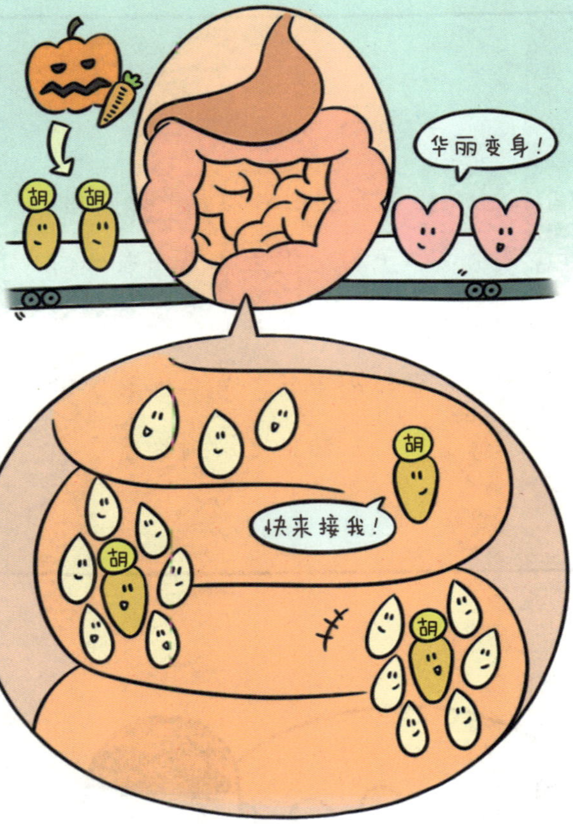

为什么人们常说要通过食入胡萝卜来补充维生素A呢？这是因为，胡萝卜、南瓜等蔬菜中含有大量的胡萝卜素，进入体内经过肠道吸收后可以转化为维生素A。

胡萝卜素容易溶解在脂质中，脂肪可以对胡萝卜素起到运输作用。进入肠道中的胡萝卜素会等待脂肪的到来，然后与脂肪一起形成“乳化微球”，从而被吸收。

但这并不代表着炒胡萝卜的时候必须要多放油，你只要在食用胡萝卜的同时摄入含有脂肪的食物就可以了。

如果在烹饪胡萝卜时放很多油，会有很多胡萝卜素都溶解在油中，由于这些油不会全部被食入，反而会造成一定的损失。而且，过高的油温还会加速胡萝卜素的氧化分解。

维生素B_{12}是一类人体必需营养素，它无法在体内合成，主要来源于肉类和海产品，家禽家畜的肝脏及肾脏，章鱼、牡蛎、蛤等海产品中的含量尤为丰富。

小部分维生素B_{12}来源于奶、蛋及发酵产品，其中蛋黄中的含量较高，在蛋白中的含量极少。

植物类食物中一般不含维生素B_{12}，所以素食者以及摄入肉奶蛋等食物较少的人容易缺乏维生素B_{12}。

缺乏维生素B_{12}容易引发巨幼红细胞性贫血，以及和神经系统、消化系统、代谢系统等相关的疾病。

各种维生素B_{12}缺乏症还常常伴随着口腔溃疡。很多人会认为口腔溃疡是一件小事，无非是因为上火、休息不好，等等，只要吃得清淡、注意休息就会自愈，其实不是这样的。

尤其是当你发现口腔溃疡在不断复发时，更要提高警惕，这可能与缺乏维生素B_{12}有关。

除了维生素B_{12}之外，你所熟悉的维生素D、维生素K对于你的身体健康也起着非常重要的作用。

日常生活中，维生素D一直扮演着强壮骨骼的角色。你可以通过勤晒太阳，借助阳光中的紫外线来促进体内维生素D的合成，因此它又被称为“阳光维生素”。

维生素D能促进钙的吸收，调节体内钙、磷代谢，维持血液中的钙、磷水平，保证牙齿和骨骼的正常生长发育。

缺乏维生素D，儿童易发佝偻病，成年人易发软骨病，老年人则易发骨质疏松症。

每日服用一定剂量的维生素D还有助于控制病毒，帮助身体更快更充分地恢复自身的免疫能力。

维生素K在绿叶蔬菜中含量高，尤其是菠菜及生菜；其次是奶及肉类，但在水果及谷类中的含量较低。

人们可以依靠肠道内的细菌合成部分维生素K，再通过食物摄入进行补充。

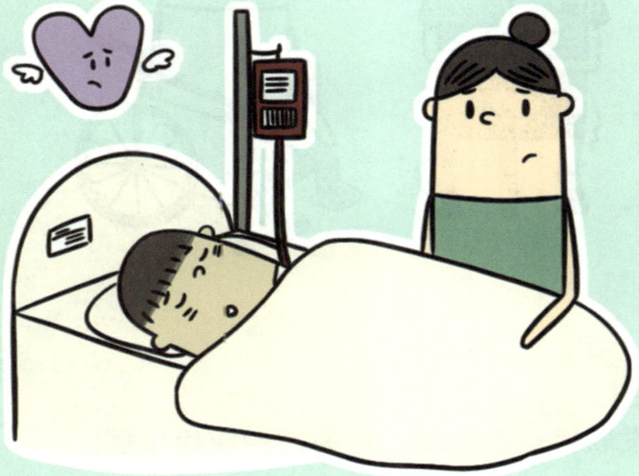

维生素K又叫“凝血维生素”，缺乏维生素K时人体的凝血功能会减弱，影响身体的正常生长发育，严重损害健康。

其他种类的维生素对你的身体健康也非常重要，广泛存在于蔬果中的维生素C可以预防“坏血症”，维生素E具有抗氧化的功能……

到目前为止，人类已经确定的维生素一共有14种。一般来说，如果你在日常生活中均衡摄入多样化的食物，是不用担心缺乏维生素的。

留住食物中的维生素

也许你会问，维生素对人们来说这么重要，直接通过补充剂补充，岂不是更加高效吗？

其实，天然食物中除了含有多种营养成分外，还含有其他有益的成分，对预防慢性病、促进身体健康具有重要的作用。

补充剂中的维生素成分大多是人工合成的，虽然不会对身体造成损害，但与膳食中的维生素相比，活性、所处的环境等都有一定的区别，会影响人体吸收利用。

例如如果只是单纯补充化学合成的维生素A，容易因摄入过量而导致中毒，因此通过食物补充维A是目前最安全的补充途径。

因此，只有当膳食不能满足营养需要时，才可根据自身的生理特点和营养需求，在医生的指导下，选择适当的营养素补充剂或营养强化食品。

维生素的结构复杂，功能独特，对于人体健康十分重要，但是它们稳定性很差，在食品加工、储藏的过程中常常有较大的损失。

随着食物存放时间的延长，食物自身的代谢、酶降解等会造成维生素含量逐渐下降。同一种食物的不同部位的维生素含量差别也非常大。

除此之外，在清洗食物时，水溶性维生素也会产生不可避免的损失。

在谷类食品中，糊粉层中富含维生素B，加工、处理会直接导致维生素大量流失。

以前人们认为精细米面是最好的主食，随着科学研究的深入，人们意识到了糊粉层的价值，便把能保留稻谷全营养的糙米纳入了食谱当中。

烹饪方式也会影响维生素的流失量。用卤、焖、炖、煮、煎、烤等方式烹饪食物时，由于温度过高、加热时间较长，所流失的维生素就会相对比较多。

用熘、爆、炒等方式缩短加热时间，或是用烹饪温度相对较低的蒸等方式，能将维生素更多地保留下来。

在烹饪鱼类、肉类食品时，可以先使用蛋清液或淀粉之类的糊状物来包裹、腌制。

糊状物质能够为食物形成一个保护层，减慢食品中的营养成分和水分的流失，还能隔绝一部分氧气，避免维生素被大范围氧化，也同样减缓了食品中的维生素在高温下的分解。

拓展阅读：能合成维生素的动物

自然界中有一类特殊的“反刍动物”（通常是食草动物）可以合成自身所需要的部分维生素。骆驼、鹿、羊驼、羚羊、牛、羊等反刍动物采食一般比较匆忙，大部分食物未经充分咀嚼，而且这些植物纤维难以分解、吸收，因而它们具有比食肉动物更加复杂的消化道。

其中，瘤胃是反刍动物体内专门用于暂时存储食物的地方。未经充分咀嚼的食物首先进入瘤胃，经过一段时间的浸泡和软化后，食物将重新回到口腔。

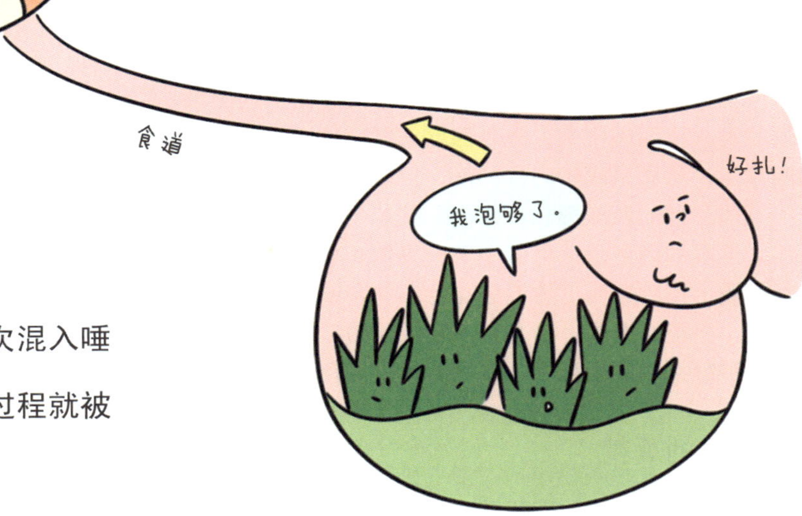

经过再咀嚼，这些食物会再次混入唾液，并再被吞咽进入瘤胃，这个过程就被称为“反刍”。

反刍动物瘤胃中特有的微生物能够协助身体合成足够的B族维生素和维生素K。因此即使饲料中缺少这类维生素，成年反刍动物也不会患上维生素的缺乏症。

维生素B_{12}是维生素中唯一一种含有金属元素的维生素，如果饲料中缺乏钴，瘤胃中的微生物就不能合成足够的维生素B_{12}，这就可能引发维生素B_{12}的缺乏症。

能被人类利用的水资源有多少？

目前全世界的淡水资源仅占总水资源的3%，其中人类真正能够利用的淡水资源只有江河湖泊和地下水中的一部分，仅占地球总水量的0.26%.

我国的淡水资源总量为2.8万亿立方米，占全球水资源的6%，仅次于巴西、俄罗斯和加拿大，名列世界第四位。但是，我国也是全球人均水资源最贫乏的国家之一，人均水资源量只有2300立方米，仅为世界平均水平的1/4。我国是全世界用水量最大的国家，2019年这一年内，全国淡水取用量为5991亿立方米。

谁给西瓜起的名字？

中国是世界上最大的西瓜产地，但关于西瓜的由来，说法不一。一种说法认为西瓜并非源于中国，而是产自于非洲，于西域传来，故名西瓜。另一种说法源于神农尝百草的传说：相传西瓜在神农尝百草时被发现，原名叫稀瓜，意思是水多肉稀的瓜，但后来传着传着就变成了西瓜。这两种说法中，前者更为流行。

不同品种的西瓜形状、大小、皮色、花纹、瓤肉颜色表现多种多样。无论是野生西瓜还是人工栽培出来的西瓜，瓜瓤的颜色从白色、淡黄、亮黄、粉红、橘红到大红色，应有尽有。瓜瓤的颜色由多个基因控制，这些基因本质上控制着西瓜体内各类色素的含量。研究表明，红色瓤西瓜中主要含有番茄红素，瓜瓤究竟是淡红还是大红，番茄红素的多少起着决定性作用。橙黄色瓤内主要含有各种胡萝卜素；白色瓤主要含黄酮类色素，它们和各种糖类物质相结合，以糖苷的形式存在于细胞液中。

奇妙的香精

菠萝酯具有温和的菠萝香味，可以被用作赋香剂，用于配制水果型食用香精。“乙酸乙酯”是一种具有果香味的有机物，可以用于菠萝、香蕉、草莓等水果风味香精和威士忌、奶油等香料的生产当中。

一天的饮水量

《中国居民膳食指南（2016版）》建议，一个成人每天的饮水量应该是1500～1700毫升，并且建议喝白开水或者茶水。如果摄入的水中含有的过多额外的添加成分，会对人体代谢产生更大的负担，因此不建议在口渴的时候喝含糖的饮料或者是牛奶来解渴。

世界上没有纯净水！

为什么说水中的主要成分是水分子呢？这是因为，自然界中其实根本没有完全纯净的水，水中通常溶解了多种无机盐、少量的有机物、氧气等气体以及各类微生物。即便是我们所购买的用于饮用的纯净水中，也含有少量的无机盐、微生物和可溶解气体。实验室中使用的“超纯水”，也只是净化程度更高而已，当前仍没有一项技术能够把水中的所有杂质全部去除。

敷“胶原蛋白面膜”有用吗？

“胶原蛋白”是人体内含量最多的蛋白质，广泛分布于人体的各结缔组织。若皮肤中缺乏胶原蛋白，皮肤便会失去柔软、弹性和光泽，发生老化，所以现在很多护肤品都宣称富含胶原蛋白，可以有效缓解皮肤的衰老问题。但是，胶原蛋白是一种很大的分子，直接涂抹的胶原蛋白无法被皮肤细胞彻底吸收。而口服的胶原蛋白美容剂，会在体内被完全分解成氨基酸，更是无法达到直接补充胶原蛋白的效果。

世界上有多少“冷冻人”？

物理学家詹姆士·贝德福德于1967年1月12日死于肺癌，他生前曾捐献20万美元，建立洛杉矶市第一个“人体冷冻实验室”，目前已有上百人处于这种冷冻状态。

2014年，2岁的泰国女孩Einz被诊断患有脑癌，5年生存率仅有30%。Einz的父母均为医疗工程博士，在亲眼见证女儿被病魔缠身一年后，他们决定在女儿离世后冷冻她的大脑，希望未来的科技可将她复活。Einz因此成为世界上年纪最小的人体冷冻者。Einz目前被冷冻在美国亚利桑那州的Alcor生命延续基金会，截至2020年1月，已有176人在Alcor接受了人体冷冻，其中117人接受了脑冷冻。

吃腌菜为什么会“中毒”？

有些蔬菜能从土壤中大量吸收硝酸盐，如萝卜、大白菜、雪里红、大头菜、莴笋等，它们的硝酸盐含量较高。以这些蔬菜为原料腌制的腌菜，在大肠杆菌、沙门氏菌等硝酸盐还原菌的作用下，会把自身的硝酸盐还原成亚硝酸盐。在腌制前期，亚硝酸盐的含量会持续升高，直到菜坛内的氧气被耗尽，硝酸盐还原菌无法存活。此后，蔬菜中的氧化性物质及微生物会将这些亚硝酸盐再逐渐氧化回硝酸盐。约20天后，亚硝酸盐的含量会达到一个较低的稳定值。亚硝酸盐对人体有毒性，因此在腌菜初期食用很可能会引起中毒。

含水量很高的调味料

看到这里你可能会问，厨房里常见的料酒、醋和酱油等都是液体，其中的含水量一看就不止10%，为什么也能长久保存呢？这是因为，10%的酒和食醋的含水量虽然很高，但是其分别含有的乙醇（酒精）分子和乙酸（醋酸）分子都能使微生物的蛋白质发生变性，微生物不易在酒和醋中存活，菌落总数（也就是微生物的数量）可以被控制在一个安全范围内，从而达到防腐的效果。我国《食品标识管理规定》第九条第二款规定：“乙醇含量10%以上(含10%)的饮料酒、食醋、食用盐、固态食糖类，可以免除标注保质期。”

硅元素

硅在宇宙中的储量排在第八位。在地壳中，它是第二丰富的元素，构成地壳总质量的26.4%，仅次于第一位的氧（49.4%）。它极少以单质的形式在自然界出现，而是以复杂的硅酸盐或二氧化硅的形式，广泛存在于岩石、砂砾、尘土之中。长石、云母、黏土、橄榄石、角闪石等物质本质上都属于硅酸盐类；水晶、玛瑙、碧石、蛋白石、石英、砂子以及燧石等都属于二氧化硅类。

什么是“渗透压”？

想象有一张“半透膜”挡在两部分溶液中间，如果这张膜只允许水分子通过，那么水会从渗透压较低的一侧流向渗透压较高的一侧。溶液渗透压的高低取决于一定体积的溶液中溶质颗粒(分子或离子)数目的多少,而与溶质的种类和颗粒的大小无关。溶液中溶解的颗粒越多，渗透压越高。

在细胞中，80%的溶质颗粒是钠离子和氯离子。如果细胞的渗透压过高或者过低，都会使得细胞膜容易被损伤，导致一系列健康问题。在运动过后，无机盐会随着汗液流失。市售的电解质饮料，其实就是用水将一组化合物溶解，可以补充人体新陈代谢的消耗，使细胞的渗透压等指标能够维持在一定的范围内。它的成分通常有钠离子、钾离子、镁离子、氯离子、柠檬酸盐等，有时还包括一些产能营养素，比如葡萄糖、蔗糖等。

令人头疼的龋齿

你得过“龋齿”吗？正常情况下，牙齿中的矿物质会不断溶解、流失（学名叫“脱矿”），同时溶解的矿物盐还会重新在牙齿上沉积（学名叫“再矿化”）。当这个“动态平衡”被打破，牙齿中流失的矿物多于重新沉积的矿物时，牙齿的健康就会被破坏，让我们患上“龋齿”。

生活中常见的“含氟牙膏”能够帮助我们保护牙齿。在刷牙时，牙膏中的氟化物会被释放出来，和牙齿中的钙磷等矿物盐形成更强大的“含氟矿化系统”，增强牙齿抗龋能力；氟化物还可以促进牙齿表面矿物质的沉积，使早期龋齿再矿化，帮我们修复牙齿表面的釉质。

你听说过“结石”吗？

很多人因为体内有“结石”而痛苦不堪，那么究竟什么是“结石”呢？人或动物体内肾脏等器官中常会有脱落的上皮细胞、细菌团块等异物，当体内的无机盐或者有机物一层层地在上面沉积，就形成了“结石”。肥胖人群，以及摄入过多高血脂、高胆固醇食物，给肝肾带来较大负担的人，更容易患结石。想象一下，如果身体的某个器官里有一块“石头”，会造成什么后果呢？结石会造成体内的各种“管道”堵塞，影响所在器官的体液往外排出，导致疼痛、发炎、出血等症状。

为什么中国人容易患缺铁性贫血？

缺铁性贫血主要与饮食习惯有关。我国居民摄入的植食性食物较多而肉类较少，并以稻米、小麦等碳水化合物为主食。实际上，植物性食物中的铁吸收率通常非常低。

“菠菜补铁”是谁提出的？

“菠菜补铁”源于一个“数学错误”。1870年，一位德国科学家称菠菜中含有大量的铁，可与瘦肉媲美，使得菠菜备受追捧。在这个信息的误导下，20世纪20年代末，美国漫画家创造了“大力水手”这个广为人知的卡通形象，“大力水手吃菠菜变强”的印象又一次加深了人们对于“菠菜补铁”的这一观念的信任。到了20世纪30年代末，菠菜的铁含量被复查，科学家们才发现，原来菠菜中含铁量并非如此之高。但是，直到今天，仍然有很多人坚信菠菜补铁的说法。虽然菠菜不适合专门用来补铁，但是它仍然是一种营养丰富的蔬菜哦！

有必要通过口服液补锌吗？

儿童在生长发育过程中身体需要大量的锌，但是摄入量往往不足，因而容易患上锌缺乏症。那么一定要通过口服液来补充锌吗？其实，海鲜类产品、鱼类、牛肉、羊肉中都含有丰富的锌。而补锌剂的服用，一定要在医生的指导下按流程进行，避免过量误服导致中毒！

来源于环境污染的病症

1956年，位于日本熊本县的水俣湾附近出现了一种奇怪的病，这种病症最初出现在猫身上，被称为“猫舞蹈症”。患这种病的猫表现出抽搐、麻痹，甚至跳海的行为。随后不久，此地也相继发现了患这种病症的人。开始的时候症状只发生在水俣镇内及周边居民的身上，人们将这种病称为“水俣病”。在后面的整整12年时间里，水俣病在当地不断蔓延。后来，熊本大学的调查人员在病死者体内、鱼体中和日本氮肥厂排污管道出口附近都发现了有毒的甲基汞，这才揭开了水俣病的秘密。而这些甲基汞的来源就是周围工厂排放的废水。人类的健康与环境息息相关，排入大自然的物质，会经过食物链的富集，最终回到人体。

“你是什么垃圾？”

2019年以来，垃圾分类已经成为城市生活的新风尚。在现行的分类标准中，除了熟悉的废旧电池、灯管等为有害垃圾，过期的化妆品也属于有害垃圾，要进行集中处理。难道抹在脸上的东西也会有毒吗？其实，化妆品中通常含有复杂的成分，虽然每日取用一点可能不会对我们的身体造成损害，但是当大量的过期化妆品被直接扔进垃圾桶进行填埋时，化妆品中的有毒有害成分以及超标的菌落将对土壤、地下水造成非常严重的污染！

酶的好帮手

辅酶是一大类辅助有机因子的总称，它们可以和酶蛋白结合，专一地帮助酶来发挥它们的活性。许多维生素以及一些和维生素结构相似的物质，比如核黄素、硫胺素和叶酸，都属于辅酶。

维生素A“中毒”

我国居民膳食维生素A的推荐摄入量为每天约700纳克，人体可以承受的最高摄入量为每天3000纳克，如果摄入过多就可能产生皮肤红肿、脱皮等中毒现象。

发育不良的红细胞

巨幼红细胞相比正常红细胞来说，形态和功能都表现出异常。这种红细胞的出现是DNA合成过程中的缺陷导致的，它们的体积大于各阶段正常的幼红细胞，但这些细胞中的细胞核却发育不良，难以发挥正常的生理功能。巨幼红细胞的出现，是巨幼红细胞性贫血的判断依据。

口腔溃疡提示健康状况

口腔溃疡是多种因素共同导致的。口腔内的创伤，缺乏锌、铁等微量元素，维生素B_{12}摄入不足等，都会导致机体免疫力下降，增加患口腔溃疡的风险；肠炎、肝炎等疾病发生的时候，也可能会伴随着口腔溃疡。

因此，当你长时间饱受口腔溃疡的困扰时，要注意观察自己的身体状况，保持警惕，必要时及时就医！

出门晒晒太阳吧！

在阳光充足的夏天，要注意避开烈日，防止被晒伤；在阳光较少的冬天，则要适当多晒太阳。一般在阳光下活动5～10分钟，每周3～4次，能够维持人体合成足够的维生素D。

骇人听闻的坏血病

当身体缺乏维生素C时，胶原蛋白不能正常合成，使得毛细血管变得很“脆”，这时候皮、黏膜下就很容易出血，医学上称为坏血病。在过去的几百年间，坏血病在不能及时摄入新鲜水果、蔬菜的远航船员、军队中尤为流行。1933年，人工合成的维生素C问世，人类最终战胜了抗坏血病。

维生素E为什么能美容？

维生素E是主要的抗氧化剂之一，广泛用于护肤品中。它可以抑制脂质的过氧化，降低酪氨酸酶的活性，从而减少酪氨酸转化为黑色素，达到美白护肤的效果。

正确的洗菜方法

很多人在清洗蔬菜时，由于担心表面的农药残留，就长时间浸泡蔬菜，但殊不知蔬菜中的钙离子、钾离子以及水溶性维生素都在逐渐流失。同时，浸泡的方法只能除去一部分能溶解在水里的农药，对于更广泛使用的脂溶性农药（不能溶解在水里）效果甚微。那么，到底该怎么做呢？

①焯水：将蔬菜放入沸水中煮1分钟左右；②去皮：将萝卜、南瓜等蔬菜去皮；③弱碱性水漂洗：用淘米水、面粉水或者小苏打水等弱碱性水清洗，绝大多数的农药在碱性条件下都能分解；④活水冲洗：用流动的水短时间冲洗果蔬替代长时间浸泡果蔬。这样既可以去除大部分的农药残留，也不会损失过多的营养成分。

留住维生素的诀窍

维生素C和维生素B_1不耐碱，在烹饪过程中，如果加入了碱性调料（如小苏打等），会导致这两类维生素的损失；而维生素D不耐酸，因此想要从食物中高效地吸收维生素D，要避免大量使用酸类调料（比如醋）。

炸鸡可不能多吃！

炸鸡是一种香脆诱人的食物，但是其高油高热的弊端也不容忽视。而且，由于炸鸡表面通常裹有面粉，这种高淀粉物质在高温下容易产生致癌物质丙烯酰胺，所以一定不可以多吃哦！

酸爽！
糖
酱油
醋
盐
虽然苦，但是
有营养……
最爱鸳鸯锅！
花生油
橄榄油

五味生活——味觉与添加剂

食品添加剂出现的本意是为了延缓食物的氧化腐败，延长食物的保鲜期以方便存放，同时为食物提供更好的风味，丰富味觉体验。然而，近年来存在着一些违规添加使用的现象，用添加剂来掩盖食物的劣质、腐败，或者通过过量添加来刺激人的味觉，导致食品添加剂本身背了黑锅。例如，牛奶中三聚氰胺过量、鱿鱼用氢氧化钠浸泡、甲醛泡制水产品、硼砂制作面食糕点、亚硝酸盐为肉保鲜……这些骇人听闻的新闻，让人们逐渐视食品添加剂如洪水猛兽。

食品添加剂的真面目到底是什么样的呢？人类的味觉是如何产生的呢？只有对这些问题有了科学的认识，才能理智面对生活、保持身体健康！

揭秘味觉

俗话说“民以食为天”，品尝美食是人们感知美好生活的重要环节。人们在选择食物时，除了会考虑营养价值，还会对不同的风味有自己的偏好。

你能够分辨出各种美食的不同风味，主要依赖的是味觉。酸、甜、苦、咸是我们拥有的四种最基本的味觉。

很多食物会让人感觉到辣味。但你知道吗？辣味可不是一种味觉，而是一种痛觉。

当你在吃辣椒等很辣的食物时，它们会刺激你舌头和口腔的味觉神经，同时对鼻腔甚至皮肤产生强烈的刺激。

这是一种融合了很尖利的“刺痛感”和“灼烧感”的痛觉，因此在吃辣的时候喝热水只会感到更辣，而喝冰饮料则能帮你缓解辣味刺激。

适当食用辣味食物可以促进食欲及消化液的分泌。日常生活中，除了辣椒之外，花椒、生姜、大蒜、芥末等许多香辛料都具有辣味。

涩味也不是食品本身能呈现的基本味觉，而是在食用涩味食物（比如柿子、红酒、浓茶等）时，口腔蛋白受到刺激而“收敛”，使你产生了涩的感觉。

而说到酸、甜、苦、咸四种基本味觉，它们是由食物作用在味蕾上形成的。人的舌部有2000～3000个味蕾，每一个味蕾由数十个味觉细胞和支持细胞构成。

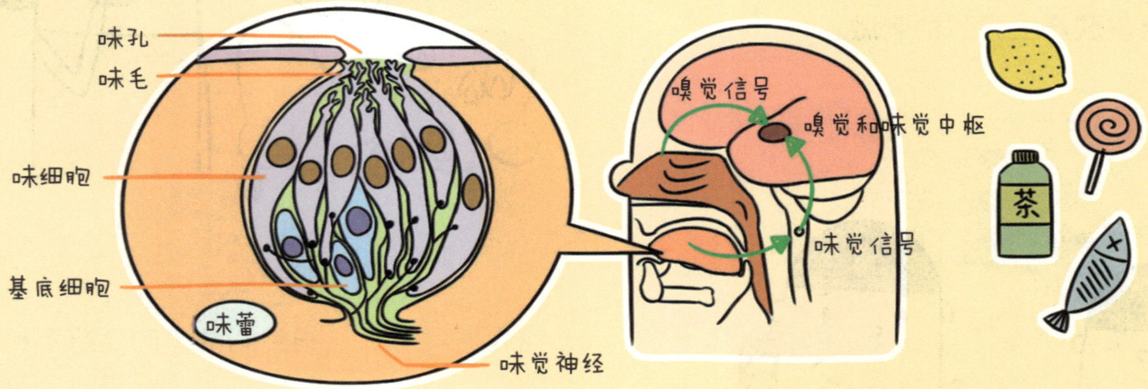

味觉细胞连接着神经末梢。当各种味道刺激味觉细胞产生兴奋作用时，味觉神经就会把这种兴奋传入大脑，进而产生味觉。

不同的味道分子在味蕾上还有不同的结合部位，在舌部形成了针对各种味道的不同敏感区。

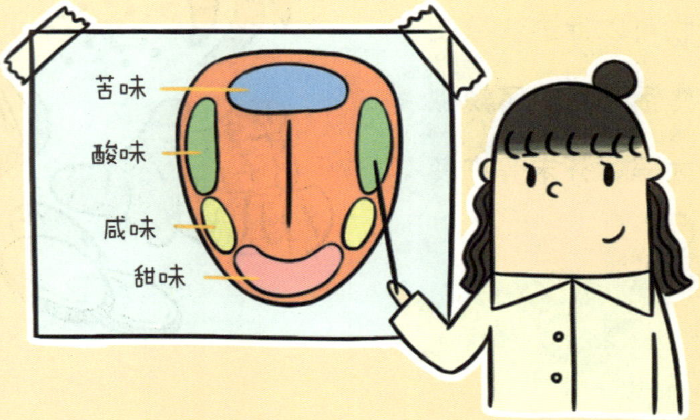

除了这些可以被描述的基本味道，食物还能呈现出很多复杂的香味，它们给你品尝食物的过程带来了更丰富的体验。

桃、梨、香蕉等水果的香气，主要是由这些植物体自身合成的有机酸酯、醛类等有机物产生的。随着果实逐渐成熟，合成的产物会越来越多，香气也会逐渐变浓。

还有一些食物的香气是通过酶作用产生的。比如红茶中的一些物质会在酶的作用下氧化，促使茶叶中的氨基酸转化成多种可挥发的小分子，从而产生特有的香气。

在食品加工中，加热使食物变熟的过程中，也会发生很多风味的变化。生肉是没有香味的，只有在蒸煮和焙烤时才会有香味。

在加热过程中，肉内各种组织成分间发生一系列化学反应，产生了挥发性的香味物质，目前已经有1000多种肉类挥发性成分被鉴定出来。

有些肉类具有特殊的“膻气”，比如牛肉、羊肉，这类气味来源于这些动物脂肪中特有的脂肪酸。

在这些“香味制造”反应中，氨基酸和糖类的反应值得一提。亮氨酸与葡萄糖在高温下反应，能够产生令人愉悦的面包香。

葡萄糖和谷氨酸在100℃下反应，则能产生浓郁的巧克力味；而在180℃下反应，能产生香浓的奶油味。

不同的饲养方式、新鲜程度、烹饪方式都会赋予食物不同的风味，这些风味的产生离不开化学反应，对于这些香气的分析也是美食家和化学家都在关注的领域。

认识食品添加剂

人们在挑选不同味道的食品时，往往会通过食品本身的颜色来进行判断。橘子味的汽水、糖果等一般设计为橘色，柠檬味的蛋糕、饼干、冰淇淋等一般设计为黄色……

通常人们是不会认为一个红色的食物是巧克力味的，而会下意识地觉得这是草莓味或者西瓜味。

让食物呈现出不同的颜色，不仅能够激发你的食欲，也是影响你选择的重要因素。

食品颜色的丰富多样要归功于种类繁多的食品着色剂。这些呈色物质可以分为天然色素和人工色素两大类。

天然色素中有你非常熟悉的叶绿素、类胡萝卜素、花青素等植物色素，也有血红素、虾青素等动物色素，还有红曲色素等微生物色素。

叶绿素是一种含有金属镁的有机物，新鲜的绿色植物中含有丰富的叶绿素，但是在高温处理、漂洗、酸浸等加工过程中，叶绿素容易丢失镁离子，从而失去绿色。

在人工合成色素时，人们通常会用铜离子替代镁离子，这样生成的物质也拥有漂亮的绿色，并且更加稳定，更适宜用作食品的着色剂。

姜黄色素是一类应用广泛的天然色素，是从多年生草本植物姜黄的地下根茎中提取的。

纯姜黄色素是橙黄色粉末，有胡椒气味，通常被应用于蔬菜、咖喱粉以及其他食品调料的着色和增香。

提取自辣椒果皮的辣椒红素可以用于肉制品、乳制品的着色，从葡萄残渣中提取的葡萄皮色素可以用于饮料、果浆、蛋糕的着色，从可可中提取的可可色素可以用于酒、调味汁的着色……

虽然自然界中的天然色素种类已经相当丰富了，但是它们的耐热性和耐酸碱度都有待提升。因此研究者在此基础上，通过改进和优化合成了很多人工色素。

比如常常出现在饮料、糖果中的“柠檬黄”“亮蓝”等，这些性质更为稳定的人工色素都经过了大量、反复的毒性实验，确定在添加剂用量内对人体无害才会被使用。

除了色素外，食品中通常还有抗氧化剂、增味剂、防腐剂等添加剂。防腐剂通常可以分为酸型防腐性、酯型防腐剂及生物防腐剂。

苯酸钾、山梨酸、山梨酸钾是我国允许用于酱油、醋、果酱、饮料等食物的防腐剂，丙酸及其盐类常用于面包等食物的防腐。

乳酸链球菌素是一类典型的生物防腐剂，一般仅用于乳制品、罐装食品、植物蛋白丰富的食品的防腐。它可以在人的消化道中被蛋白酶水解，是一种比较安全的防腐剂。

抗氧化剂能够防止食品在保质期内被氧化变质，增味剂则让食品呈现更丰富、突出的味道。

甜味剂也是一种常用的食品添加剂，它们具有比一般的糖类更高的甜度。曾经因为安全问题引发过激烈争论的糖精，是甜味剂家族中古老的成员。

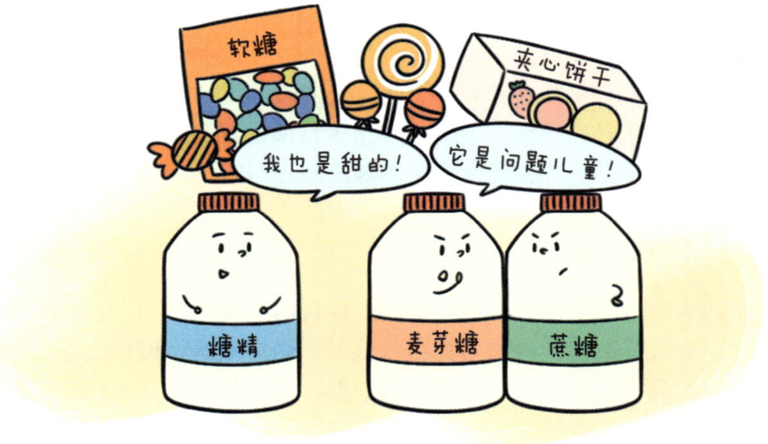

糖精的甜度极高，而且成本低、稳定性好，但是从长远来看，它将被其他安全性更高的甜味剂所代替。

甘草是一类天然甜味剂，它的甜度是蔗糖的200倍，而且较为安全。所以，甜味可不是糖的专属特征，只是具有某种特殊结构物质的一种性质。

你可以仔细阅读食物包装上的成分表，相信你会对食品添加剂有一个更加全面的认识。

世界上最辣的辣椒有多辣？

辣椒会辣，是因为其中含有辣椒素。早在1912年，药师Wilbur Scoville就发明了测量辣椒素含量的方法，就是辣椒以糖水稀释到多少倍，才能使舌尖感受不到辣味。这个数值就用来表示辣度的大小，单位为史高维尔单位（Scoville Heat Unit）。

一般来说，辣椒的辣度可以由30万以上的史高维尔单位到完全没有辣度的0。英国威尔士厨师迈克·史密斯在诺丁汉大学科学家的协助下，培育出了目前世界上最辣的辣椒。他给这种辣椒取名“龙息辣椒”。根据斯科维尔辣度检测体系，“龙息辣椒”的辣度超过248万史高维尔单位！

无辣不欢！

辣椒原来生长在中南美洲热带地区，明代时期传入中国。最初吃辣椒的中国人都居住在长江下游，也就是所谓的“下江人”。虽然辣椒最先传入江浙、两广地区，但是没有在那些地方被充分利用，而是在长江上游、西南地区流行起来。到了清代嘉庆以后，黔、湘、川、赣几省已经“种以为蔬”“择其极辣者，且每饭每菜，非辣不可”。国人大量吃辣椒的历史只有约四百年。

众所周知，我国各地区做菜的口味各有不同，素有“北咸、东南甜、西辣”的说法。四川盆地附近气候较为潮湿，湿气容易入体。吃辣椒能使人血液加速，全身冒汗，身上的寒气湿气被驱赶出体内。但是，辣椒中含有大量辣椒素，可能对口腔和胃肠道黏膜产生刺激，所以不适应辣文化的人，突然食用辣度过高的食物，可能会导致胃肠不适。

分子美食学

目前，分子美食学是处于世界先锋的料理方式，是指用科学的方式去理解食材分子的物理或化学变化，然后运用所得的经验和数据，把食物进行再创造。

来自英国的米其林大厨Heston Blumenthal就是这样的一位实践前驱者，他认为应把美食分解到分子水平，研究食物的分子是如何刺激味蕾、引起情绪变化，从而到达欣赏食物的境界。他研究如何更完美地做英式传统炸鱼，目的在于让人们在吃的时候，耳朵能更清晰地听到咬到外面那层炸浆时那脆脆的声音，从听觉上就让人接收到美味新鲜的信息，进一步调动食客的味觉和情绪。

在日常的烹饪过程中（比如炖红烧肉），食物里的羰基化合物（还原糖类）和氨基化合物（氨基酸和蛋白质）之间会发生“美拉德反应”，从而使食物拥有漂亮的棕色和令人愉悦的香气。利用好这一反应，也是迈向分子美食的重要一步！

果味饮料里有水果吗？

果味饮料虽然是水果味道的饮料，但其中几乎不含任何天然的水果成分，它诱人的颜色与味道其实都来自于食品添加剂。这类饮料依靠食用色素来进行颜色的调节，再通过添加酸味添加剂、甜味添加剂以及种类繁多的香精，来调配出类似于水果的味道。

虽然按照国家食品安全标准使用食品添加剂，理论上不会有安全隐患，但安全不等于营养。想要追求营养健康，最好还是避开这类饮品。

茗茶小百科

市面上有很多不同品种的茶，人们根据茶叶发酵程度的不同，主要把它们分为六大类：绿茶、白茶、黄茶、青茶、红茶、黑茶。其中，绿茶是不发酵直接烘干的，稍微发酵一点点的是白茶和黄茶，发酵程度约为一半的是青茶，几乎完全发酵的是红茶。而黑茶，是在绿茶的表面洒上水，再让其在湿热的环境下完全发酵制得的。

“香味制造”反应

葡萄糖和精氨酸分别在100℃、180℃下反应，会分别产生爆米花味和焦糖味。木糖和酵母水解蛋白分别在

90℃及160℃反应，会分别产生饼干香味和酱肉香味。

食品包装设计的诀窍

人类视觉的第一印象是对色彩的感觉，食品加上巧妙的外观设计犹如锦上添花。

食品包装的主色调主要与食品本身的颜色，或者其味道来源物的颜色有关。比如，橙子味的棒棒糖的包装通常是橙色的，而荔枝味的汽水包装通常偏粉色；咖啡通常用褐色的包装，牛奶包装常以白色为底色。

颜色的冷暖色调也会带给我们不同的视觉效果和心理反应。蓝色、绿色和白色多用于冷饮、速冻食品和绿色食品包装。引人注目的红色能够快速吸引人的眼球，让人的注意力产生停留。

火烈鸟的颜色不是天生的？！

你知道吗？刚出生的火烈鸟宝宝其实是灰白色的。随着年龄的增长，它们逐渐变为粉红色，而且不同个体之间的颜色深浅也是不同的。

火烈鸟的毛色之所以会发生这样的变化，主要与它所摄入的食物中的类胡萝卜素有关。但是导致火烈鸟变红的色素并不只有一种，科学家们在它们的羽毛和皮肤组织中发现了四种红色类胡萝卜素：虾青素、金盏花红素、角黄素和芬妮黄酮（仅在红鹤属的3种火烈鸟中有发现），其中含量最高的是角黄素。同时，火烈鸟还能将其它类胡萝卜素转化为它们所需的红色素。火烈鸟在体内积攒的红色类胡萝卜素，具有很强的抗氧化性，可以帮助火烈鸟抵抗紫外线的伤害。另外，红色更鲜艳的火烈鸟也更容易受到异性的青睐。

咖喱的起源

咖喱起源于印度。“咖喱”一词来源于泰米尔语，是“许多的香料加在一起煮”的意思，印度民间传说咖喱是佛祖释迦牟尼所创。印度人不吃猪肉，而咖喱的辛辣与香味刚好可以帮助遮掩羊肉的腥骚味。咖喱首先在南亚和东南亚等地传播。17世纪，欧洲殖民者来到亚洲时把这些香料带到欧洲，继而传播到世界各处。咖喱在世界各地结合不同饮食文化，演变出了不同风格的配方和吃法。

安全也不能多吃！

你能买到的大多数零食和饮料中都含有很多的食品添加剂，虽然添加量都在国家规定的安全范围内，但这并不代表它们完全安全，只是测试结果表明在较低的用量内，它们的毒性不会对人体健康造成明显损害。如果长期大量食用，仍然有损害健康的风险。

防腐剂究竟在防什么？

从名称你就能看出来，防腐剂能抑制食品中微生物的繁殖，防止食品腐败变质，来延长食品保存期。

防腐剂主要的工作方式有三种：①干扰微生物体内的酶的活性，抑制它们的新陈代谢；②使微生物体内的蛋白质凝固变性，降低它们繁衍后代的能力；③改变细胞膜的性质，抑制其正常的排出和吸收，导致它们失活。我国到目前为止已批准了32种可使用的食物防腐剂，其中最常用的有苯甲酸钠、山梨酸钾等。

零食能代替正餐吗？

你可以从零食的配料表和营养成分表了解到这些食品中各类营养物质的含量，一般配料表中位置越靠前的成分含量越高。虽然很多零食中含有碳水化合物、蛋白质等人体必需的营养素，但是各类营养素的搭配比例却不是最优化的。长期依靠零食补充能量，会导致人体营养不均衡，摄入的糖类、脂质、盐类偏高，而维生素、蛋白质等偏低。因此，你还是要认真吃好每一顿饭，均衡营养，不能挑食哦！